T0149459

Hablando del Reino

del

Reino

Dr. Sergio Cabello

Número de Control de la Biblioteca del Congreso de EE. UU.:   2018914156
ISBN: Tapa Dura   978-1-5065-2760-4
               Tapa Blanda   978-1-5065-2759-8
               Libro Electrónico   978-1-5065-2758-1

Información de la imprenta disponible en la última página.

Fecha de revisión: 12/07/2018

Para realizar pedidos de este libro, contacte con:
Palibrio
1663 Liberty Drive, Suite 200
Bloomington, IN 47403
Gratis desde EE. UU. al 877.407.5847
Gratis desde México al 01.800.288.2243
Gratis desde España al 900.866.949
Desde otro país al +1.812.671.9757
Fax: 01.812.355.1576
ventas@palibrio.com
789095

AGRADECIMIENTOS.

En primer lugar, agradezco a Dios que me llamó por su gracia, sosteniéndome en su amor y que además me ha permitido escribir este mi tercer libro, que para mi es de gran satisfacción, y estoy seguro que será de bendición a muchas personas.

En segundo lugar agradezco a mi esposa Marilis, quien siempre ha sido mi mayor estímulo para lograr las metas y objetivos que me he trazado, siendo este libro uno de ellos.

Asimismo quiero agradecer a la profesora Miriam Cabello por su valiosa ayuda y aporte en la corrección y redacción de los capítulos de este libro. Y también agradezco muy especialmente la colaboración de Ada Silvera, diseñadora gráfica, quien con sus ideas y consejos prácticos, terminó de darle forma al ejemplar que usted tiene en sus manos.

Paz, salud y bendiciones para todos.

CONTENIDO

DE NECESARIA LECTURA.

Desde Génesis hasta Apocalipsis el mensaje de la Biblia gira alrededor de nuestro Señor Jesucristo. Por lo tanto debemos poner atención a lo que él decía. Antes de comenzar Jesús a predicar, apareció Juan el Bautista, que era el precursor del Señor Jesús diciendo: "arrepentíos porque el reino de los cielos se ha acercado".Luego, cuando se manifestó el Señor Jesucristo públicamente con su ministerio, comenzó a decir lo mismo, decía: "arrepentíos porque el reino de los cielos se ha acercado", después, al enviar a sus discípulos les dijo que llevaran ese mismo mensaje: "arrepentíos porque el reino de los cielos se ha acercado".

Juan el Bautista, el Señor Jesús y los discípulos, anunciaban un reino que estaba lejos y que ahora se había acercado, y ese reino se denominaba el reino de los cielos, que es el mismo reino de Dios y que es el mismo reino de Jesucristo. Así que vamos a poner atención a todo lo que esto del reino conlleva. Pero para poder comprender todo lo que decía Juan el Bautista, y sobre todo lo que decía el Señor Jesús y sus discípulos acerca de ese reino; debemos saber desde cuando comenzó ese reino, porqué se alejó y cuál es la causa de que ahora se ha acercado. Este libro que usted tiene en sus manos busca explicar todo lo relacionado al reino de los cielos, y para ello fue necesario comenzar desde el mismo libro de Génesis, leer otros libros del antiguo testamento, explicar algunos pasajes bíblicos, apoyarnos un tanto en la historia, así como saber algunas de las costumbres judías, para poder entender en todo su contexto lo que el Señor Jesús quería decir, cuando anunciaba que "el reino de los cielos se había acercado" y más aún cuando dijo en una oportunidad que "el reino de los cielos ya está entre vosotros".

Por eso asegúrese de leer y entender bien cada capítulo de este libro, porque eso lo va llevar a una conclusión segura al final del mismo. Al principio comenzamos hablando del libro de Génesis, de donde surgieron los judíos, porqué a Abraham le llamaban el hebreo, etc. Luego lo que Dios hizo con su reino, la constancia y perseverancia de Dios en relación a establecer dicho reino, las profecías que hablaban acerca de Jesucristo; para el final llegar al acontecimiento grandioso del nacimiento de Jesús, donde veremos que en él se cumple todo lo relacionado con el reino de los cielos.

CAPÍTULO 1

DANDO UNA EXPLICACIÓN.

La Biblia que usa la corriente cristiana evangélica contiene o está conformado en el Antiguo Testamento por treinta y nueve libros. Hay otra corriente cristiana no evangélica cuya Biblia, contiene cuarenta y seis libros en el Antiguo Testamento. ¿Por qué es esto? ¿A que se debe esa diferencia? Porque esa corriente cristiana no evangélica acepta unos libros que no fueron y no son aceptados por el canon cristiano evangélico. Y a estos se les denomina libros apócrifos, es decir, su origen no está claro y no se reciben como inspirados por Dios. Aunque a algunos de esos libros, como por ejemplo, el de los Macabeos, no se les niega un valor histórico que ayuda a entender sucesos narrados por la Biblia en el Nuevo Testamento, como por ejemplo, la fiesta de la dedicación del templo, que se encuentra narrada en el primer libro de Macabeos capítulo cuatro versos treinta y seis al cincuenta y nueve y mencionada en el evangelio de Juan capítulo diez versos veintidós y veintitrés.

Según ese libro de los Macabeos, esta es la historia del comienzo de la fiesta de la dedicación del templo de Jerusalén. En el año 168 a. c un hombre llamado Antíoco IV Epífanes, rey de Siria, atacó a Jerusalén y la dominó. Este hombre era tan malvado que se levantó contra todo el pueblo de los judíos y les prohibió hacer sacrificios en el templo, destruyó las escrituras del Antiguo Testamento y prohibió la observación del sábado y los días de fiesta de los judios y el rito de la circuncisión en los varones, es decir, prohibió todo lo que la ley de Dios mandaba a los judios bajo pena de muerte al que lo hiciera. Este rey entró en el templo y lo contaminó realizando sacrificios indebidos en el mismo, ya que sacrificó una cerda en el altar del sacrificio y erigió una estatua de él en el lugar santísimo.

El libro de los Macabeos narra que estos (los Macabeos) se opusieron a este rey malvado y le hicieron resistencia. ¿Quiénes eran los Macabeos ? Los Macabeos eran unos sacerdotes del pueblo de Dios, que como dijimos ya, no se dejaron intimidar y se rebelaron contra este rey perverso. El primero que comenzó el movimiento por los Macabeos fue el sacerdote Matatías. Después de que el sacerdote Matatías fue muerto, le siguieron sus hijos, quienes resistieron hasta que lograron liberarse de este rey sirio. Esto ocurrió en el 164 a.c

Una vez que los Macabeos triunfaron sobre Antíoco IV Epífanes y su ejército, volvieron a la ciudad de Jerusalén, ya que ellos estaban peleando por las montañas fuera de la ciudad, pero cuando regresaron encontraron el templo destruido, el altar desolado, la puerta principal quemada, todo en un completo deterioro y empezaron a deliberar que iban a hacer; entonces llegaron a la conclusión de sacar todo eso que estaba en mal estado; dijeron: "vamos a limpiar el templo y vamos hacer un altar nuevo, vamos a hacer todo nuevo y una vez terminado lo vamos a dedicar al Señor." Y así lo hicieron y festejaron delante del Señor por unos ocho días aproximadamente. Por eso es que se llama la fiesta de la dedicación, porque dedicaron nuevamente el templo a Dios, y eso quedó para la historia de los judios.

Sabiendo lo que ocurrió con el templo por lo narrado en

uno de los libros de los Macabeos, podemos entender lo que el evangelio de Juan registra después de más de ciento setenta años de la primera dedicación del templo cuando escribe: «Era invierno, y en Jerusalén estaban celebrando la fiesta en que se conmemoraba la dedicación del templo.» San Juan 10:22 DHH

Además, antes de continuar, es bueno hacer la observación de el porqué a los escritos del Antiguo Testamento se les llama libros y a los escritos del Nuevo Testamento se les llama cartas o epístolas. La explicación de el porqué se les llama libro a los del Antiguo Testamento es porque estos no van dedicados o dirigidos a alguien específicamente, es decir a nadie en particular. Todos comienzan narrando historias y acontecimientos. Siendo todo lo contrario los escritos del Nuevo Testamento, los cuales todos van dirigidos a alguien, o a una comunidad en especial, es decir todos llevan un destinatario bien definido, que no acepta dudas sobre a quien iba dirigido ese escrito.

Una vez explicado el porqué la diferencia en cuanto a la cantidad de libros que tiene una corriente cristiana diferente de la otra, y el porqué unos son llamados libros y otros cartas, pasamos entonces a dar un bosquejo amplio acerca del contenido de las Escrituras. Recuerde que estamos tratando de dar una idea general, no completa, pero si amplia del contenido del Antiguo Testamento y Nuevo Testamento. Comenzamos diciendo que el Antiguo Testamento inicia narrando la creación del mundo así como la creación del hombre. Dios deja muy claro y da por bien sentado que Él es el creador del cielo, de la tierra y de todo lo que en ellos hay y, asimismo que es el creador de toda la humanidad.

Muchas personas se han preguntado: ¿porqué fue que Dios creó al hombre?, ¿porqué Dios creó al mundo? y, han dado diferentes explicaciones. La mayoría dice: "bueno Dios creo al mundo y al ser humano porque él quiso, porque él es poderoso y esa fue su voluntad." Pero hay una razón más convincente de el porqué Dios creo al mundo y al ser humano. La Biblia dice que Dios es amor; fíjese bien, no dice que Dios tiene amor sino que es amor, es decir, su esencia es amor. Así como el fuego quema, porque esa es su naturaleza, así como el agua moja porque esa es su esencia, Dios es amor, es decir de Él mana el amor, esa es su esencia. Si se quiere decir así, Dios es la raíz del amor. Dice la Biblia: «El que no ama no ha conocido a Dios, porque Dios es amor.> En otro pasaje de la Biblia dice: <Así hemos llegado a saber y creer que Dios nos ama. Dios es amor, y el que vive en el amor, vive en Dios y Dios en él.» 1 Juan 4:8, 16 DHH . Y una de las características o la característica principal del amor es el dar, es el compartir. Toda persona que dice que tiene amor, es una persona dadivosa, es una persona que comparte. Entonces Dios siendo amor, no que tiene amor, lo repito, sino que es amor y como dije que la característica principal del amor es el dar, el compartir, Dios quiso compartir su reino, Dios quiso compartir su autoridad y por eso fue que creó el mundo y puso al hombre, al ser humano en la tierra para que reinara, fíjese que cuando Él creó al hombre y a la mujer, una de las primeras cosas que les dijo fue: "gobiernen al mundo", es decir tienen todo mi apoyo y autoridad delegada para gobernar este mundo que creé para ponerlos a ustedes.

Lo otro que Dios quiso compartir fue su amor, fue su esencia. Dios ciertamente ya había creado a los ángeles, arcángeles, serafines, querubines y toda una cantidad de seres espirituales, cómo los ancianos que habla el libro de apocalipsis y las demás cosas que desconocemos; pero fue con nosotros, con el ser humano que Él quiso compartir su amor, a tal punto que dice la biblia que creó al hombre a su imagen y semejanza, y es el único ser creado por Dios que tiene la semejanza del Señor. Así que con el hombre fue que Dios se dispuso a compartir su amor, Dios creó al mundo para compartir su autoridad, su gobierno y su amor con el hombre. Lamentablemente, dice la palabra, que Adán y Eva pecaron y como el pecado hace separación de Dios con el hombre, el reino de los cielos se alejó, se fue la autoridad, el dominio, el poder y la comunión que Dios había pensado en un principio compartir con el hombre. Mas Dios ya había previsto esta situación y preparó de antemano un plan para restaurar esa relación y compartir con el ser humano lo que desde un principio había determinado. Y ese plan consistía en enviar a su hijo Jesús en semejanza de hombre para redimirnos del pecado y traer de vuelta el reino que Dios había dispuesto compartir con la humanidad. Por eso es que vemos en la oración del Padre Nuestro del Señor Jesucristo diciendo "venga tu reino "y después en los evangelios dice: "buscad primeramente el reino de Dios y su justicia." La Biblia dice que Juan el Bautista dijo: "el reino de los cielos se ha acercado" y Jesucristo dijo: "ciertamente el reino de los cielos ya está en medio de vosotros." Luego Jesús envía a sus discípulos a predicar y les da la misma instrucción; que el reino de los cielos se había acercado. Mateo 10:5-7 lo registra así: "Jesús envió a estos doce con las siguientes instrucciones: «No vayan a las regiones de los paganos ni entren en los pueblos de Samaria; vayan más bien a las ovejas perdidas del pueblo de Israel. Vayan y anuncien que el reino de los cielos se ha acercado.» Es decir el amor de Dios se mantuvo no importando que Adán y Eva pecaron, Dios mandó a Jesucristo para restaurar la comunión, la armonía y amor con la humanidad como había sido su plan original.

DESDE NOÉ HASTA ABRAHAM.

omo vimos en el capítulo anterior, Dios quiso compartir su amor, su autoridad y su reino con nosotros los seres humanos y por eso creó el cielo y la tierra. Pero lamentablemente Adán y Eva pecaron desobedeciendo a Dios y, como ya dijimos, que el pecado hace separación entre Dios y los hombres, la comunión entre ambos se fracturó. El plan del creador se detuvo momentáneamente y vinieron las consecuencias sobre la humanidad por el pecado de Adán y Eva. Uno de sus hijos, Caín, mató a su hermano Abel y con el correr del tiempo dice la Biblia que la tierra se llenó de violencia. Y como la maldad de los hombres se multiplicó, Dios decidió destruir a toda la humanidad, pero encontró a un hombre justo llamado Noé, a quien Dios le dio la orden de construir un arca para que él y su familia se salvaran, ya que el Señor tenía pensado destruir a todo ser humano por medio de un diluvio. La Bíblia lo narra de esta manera: «Yo voy a mandar un diluvio que inundará la tierra y destruirá todo lo que tiene vida en todas partes del mundo. Todo lo que hay en la tierra morirá.» Génesis 6:17 DHH. <Y entró Noé en la barca junto con sus hijos, su esposa y sus nueras, para protegerse del diluvio.» Génesis 7:7 DHH. <El diluvio duró cuarenta días. Al subir el agua, la barca se levantó del suelo y comenzó a flotar.» Génesis 7:17 DHH. <Tanto subió el agua, que llegó a cubrir las montañas más altas de la tierra; y después de haber cubierto las montañas, subió todavía como siete metros más. Así murió toda la

gente que vivía en la tierra, lo mismo que las aves, los animales domésticos y salvajes, y los que se arrastran por el suelo. Todo lo que había en tierra firme, y que tenía vida y podía respirar, murió. Solamente Noé y los que estaban en la barca quedaron vivos; los demás fueron destruidos: el hombre, los animales domésticos, las aves del cielo y los animales que se arrastran; pues la tierra quedó inundada durante ciento cincuenta días.» Génesis 7:17, 19-24 DHH.

Después de haber ocurrido el diluvio y haberse secado la tierra dice la Bíblia : «Entonces Noé y su esposa, y sus hijos y nueras, salieron de la barca. También salieron todos los animales domésticos y salvajes, los que se arrastran y los que vuelan.» Génesis 8:18-19 DHH

Y las primeras palabras que el Señor le dijo a Noé y a su familia después del diluvio fueron: «Tengan muchos hijos y llenen la tierra.»Génesis 9:1 DHH. Es decir, la voluntad de Dios era que la tierra fuera poblada en su totalidad, mas los descendientes de Noé con el correr del tiempo hicieron lo contrario. Ellos se reunieron y pensaron hacer una torre muy alta, que llegara hasta el cielo, por si pasaba algo, alguna catástrofe, calamidad o desastre que los esparciera, ellos verían la torre desde lejos y caminarían en esa dirección y se volverían a encontrar. La voluntad de Dios era que se esparcieran por toda la tierra, lo mismo que le había dicho a Adán y a Eva, pero el deseo de los hombres era estar juntos. Nuevamente el hombre se levanta en contra de la voluntad de Dios, queriendo el Señor solamente bendecirlos compartiendo su amor, dominio y autoridad. Y fue tal el empeño y dedicación que pusieron en la construcción de esa torre, que Dios vio que nada ni nadie los iba a hacer desistir de su construcción, que tuvo que intervenir para impedírselo. Dice la Biblia: «Y dijo Jehová: He aquí el pueblo es uno, y todos estos tienen un solo lenguaje; y han comenzado la obra, y nada les hará desistir ahora de lo que han pensado hacer. Ahora, pues, descendamos, y confundamos allí su lengua, para que ninguno entienda el habla de su compañero. Así los esparció Jehová desde allí sobre la faz de toda la tierra, y dejaron de edificar la ciudad. Por esto fue llamado el nombre de ella Babel, porque allí confundió Jehová el lenguaje de toda la tierra, y desde allí los esparció sobre la faz de toda la tierra.» Génesis 11:6-9 RVR 1960. Fue de esta manera como Dios intervino para hacer desistir a los hombres de esa época de la construcción de la torre. Pues al no poderse entender entre ellos por la barrera del lenguaje, cada grupo tomó un rumbo diferente buscando donde asentarse y fue así como el ser humano comenzó a poblar la tierra, para que se cumpliese la voluntad del Señor; que el hombre poblara y gobernara al mundo y lo dominara.

Luego con el correr del tiempo, después que la gente se dispersó por la tierra y formaron las naciones, Dios llamó a un hombre de nombre Abraham hijo de Térah (Taré) que primeramente vivía en un lugar llamado Ur de los Caldeos, cuyos habitantes eran idolatras, ya que adoraban a varios dioses, según lo narra el libro de Josué: <dijo a todo el pueblo: —Esto dice el Señor y Dios de Israel: "Antiguamente, Térah y sus hijos Abraham y Nahor, antepasados de ustedes, vivían a orillas del río Éufrates y adoraban a otros dioses.» Josué 24:2 DHH. Y el Señor le dice que salga del lugar de donde vive y que se vaya a un lugar que él le iba a mostrar. Abraham obedeció, salió de su lugar de origen y se detuvo por un tiempo en una región llamada Harán.

Dios llama nuevamente a Abraham directamente cuando este se encuentra en la región de Harán, haciéndole esta promesa: «Un día el Señor le dijo a Abram: (Abraham) «Deja tu tierra, tus parientes y la casa de tu padre, para ir a la tierra que yo te voy a mostrar. Con tus descendientes voy a formar una gran nación; voy a bendecirte y hacerte famoso, y serás una bendición para otros. Bendeciré a los que te bendigan y maldeciré a los que te maldigan; por medio de ti bendeciré a todas las familias del mundo.» Génesis 12:1-3 DHH. A lo cual Abraham accede y comienza su peregrinar por todo lo ancho y largo de la tierra de Canaán. A Abraham se le llamó "hebreo" (heb. "Ivri"), que literalmente significa: "uno que viene de más allá", es decir, que viene más allá del Gran Río. Dice la Biblia: < De las orillas del Éufrates tomé a Abraham, y lo hice andar por toda la región de Canaán.> Josué 24:3 DHH. Es decir, Abraham fue el primero al que llamaron hebreo, por haber venido de más allá del río Eufrates y de ahí en adelante al pueblo de Israel, por ser descendiente de Abraham, lo denominan los hebreos.

Como ya hemos visto, Dios llamó a Abraham de Ur de los Caldeos y luego de Harán y le ofreció la tierra de Canaán, y en varias oportunidades Dios le repitió que esa tierra se la iba a dar a él y a su descendencia. En Génesis capítulo quince, Dios le vuelve a decir que le va a dar la tierra a él y a su descendencia, y en esa oportunidad Abraham le hace una pregunta a Dios: «—Pero, Señor y Dios, ¿cómo podré estar seguro de que voy a heredar esta tierra? —contestó Abram.» Génesis 15:8 DHH. <Y Dios le dijo: —Tráeme una ternera, una cabra y un carnero, de tres años cada uno, y también una tórtola y un pichón de paloma. Abram trajo todos estos animales a Dios, los

partió por la mitad y puso una mitad frente a otra; pero no partió las aves. Cuando empezaba a anochecer, Abram se quedó profundamente dormido. De pronto lo rodeó una gran oscuridad y sintió mucho miedo. Cuando ya era de noche y todo estaba oscuro, apareció un horno que echaba humo y una antorcha encendida que pasaba por en medio de los animales partidos. Aquel mismo día el Señor hizo una alianza con Abram y le dijo: —Esta tierra se la daré a tus descendientes, desde el río de Egipto hasta el río grande, el Éufrates.» Génesis 15:9-10, 12, 17-18 DHH.

Para entender la respuesta que Dios le da, hay que conocer la costumbre de la época y así poder interpretarla en su debido contexto. Ciertamente la respuesta de Dios a Abraham y la reacción de este, amerita una explicación. Y es que para aquel entonces, cuando dos personas hacían un trato, un pacto, o se comprometían a algo en particular, como no había los mecanismos de hoy, o sea, no había donde registrar un acuerdo, no existían los abogados, no habían leyes específica sobre pactos,tratos o compromisos; la gente cuando hacia un pacto de comprar algo o de comprometerse a algo, acostumbraba a tomar un animal, lo partían en dos, ponían las partes partidas del animal frente a frente, luego se tomaban de las manos y, pasaban entre las partes del animal partido diciendo: "así se le haga a uno de los dos que violente este pacto que hoy estamos haciendo." Esa era la costumbre de la época. Observe que cuando Abraham le pregunta a Dios que como él iba a estar seguro de que iba a heredar la tierra, al responderle el Señor, que buscara y le trajese unos animales, Abraham entendió que Dios iba a hacer un pacto con él, y trayendo los animales, los partió y puso las mitades frente a frente. Fíjese que Dios solo le dice que le trajese unos animales, pero cuando Abraham va, y los busca, de una vez los parte. Dios nunca le dijo que los partiera, pero ya se sabía que así era que se celebraban y cerraban los pactos. Y por eso lo hizo. Esta costumbre o forma de celebrar pactos, alianzas o compromisos, duró muchísimo tiempo. En Jeremías capítulo treinta y cuatro, se narra una historia donde los hombres después de hacer un pacto de dejar ir libre a sus hermanos israelitas, violentaron el pacto y Dios los castigó por eso. La Biblia lo narra de la siguiente manera: <El Señor se dirigió a Jeremías, después que el rey Sedequías hizo un pacto con todos los habitantes de Jerusalén para dejar libres a los esclavos. El pacto establecía que los que tuvieran esclavos o esclavas hebreos los dejaran en libertad, para que nadie tuviera como esclavo a un compatriota judío. Todos los jefes y todo el pueblo aceptaron los términos del pacto, y dejaron libres a sus esclavos y no los obligaron más a servirles. Pero después se arrepintieron de haberles dado libertad, y los obligaron a volver y a servirles de nuevo como esclavos. Los jefes de Judá y de Jerusalén, junto con los criados del palacio, los sacerdotes y todos los demás ciudadanos hicieron una alianza en mi presencia: partieron en dos un becerro y pasaron por entre las dos partes. Pero luego violaron la alianza y faltaron a su compromiso. Por lo tanto, haré que ellos caigan en poder de sus enemigos mortales, y que sus cadáveres sirvan de comida a las aves de rapiña y a las fieras.»Jeremías 34:8-11, 18-20 DHH.

Otro punto del pacto entre Dios y Abraham, donde deseo llamar su atención, es donde dice que Abraham, después de buscar los animales, partirlos y ponerlos frente a frente, se quedó dormido, esperando a que el Señor hiciera acto de presencia para cerrar el pacto. Dice el pasaje que leímos que el único que pasó entre los animales partidos, fue solo el

Señor y que fue Él quien hizo la alianza o pacto con Abraham. O sea, el único que estaba obligado a cumplir el pacto era Dios, pues fue el único que pasó entre los animales partidos. Dando una enseñanza más, que el Señor si cumple con lo que se compromete. Israel como pueblo le ha fallado muchas veces al Señor, mas Dios sigue siendo fiel a su palabra y pacto. Y hasta el día de hoy, Israel se encuentra en la tierra que el Señor se comprometió con Abraham a dársela a él y a sus descendientes.

DESDE ABRAHAM
HASTA LAS DOCE TRIBUS DE ISRAEL.

Recordemos que ya hemos explicado que Dios es amor y que una de las características del amor es que da, comparte y, que Dios quiso crear al mundo y a la humanidad para compartir con ella su autoridad, su dominio y su amor. Cuando Adán y Eva fallaron entonces Dios dijo que iba a crear un pueblo especial, con el cual Él iba a llevar a cabo el compartir, y ese pueblo era el de Israel. E inicio la creación de dicho pueblo escogiendo a Abraham, al cual llamó de un lugar llamado Ur de los Caldeos y luego de un lugar llamado Harán y lo trajo poniéndolo a caminar por la tierra prometida que era la tierra de Canaán, para dársela a él y a sus descendientes. Por eso le dijo: "bendeciré a los que te bendijeren y maldeciré a los que te maldijeren", porque Dios tenía un plan de crear un pueblo con el cual Él compartiera. Dice la Biblia: <Porque ustedes son un pueblo apartado especialmente para el Señor su Dios; el Señor los ha elegido de entre todos los pueblos de la tierra, para que ustedes le sean un pueblo especial.» Deuteronomio 7:6 DHH.

Abraham cuando Dios lo llamó, estaba casado con Sara; Abraham ya era viejo y Sara aparte de ser de edad avanzada, era estéril, y ya le había cesado la costumbre de las mujeres, es decir ya Sara no menstruaba, por lo tanto no ovulaba, así que físicamente era imposible que pudiera concebir un hijo en su vientre; o sea , que las posibilidades de que ellos tuvieran un hijo eran remotas por no decir imposible. Y en condiciones adversas Dios le prometió darle un hijo, el cual a su tiempo nació milagrosamente por intervención divina, pues ya Abraham tenía cien años y Sara noventa cuando les nació el hijo. Al nacer el niño le pusieron por nombre Isaac qué significa risa o hacer reír. ¿Porqué risa? Por que cuando Dios le dijo a Abraham que su mujer iba a tener un hijo, Sara que estaba escuchando a escondidas la conversación, se echó a reír diciendo: " siendo mi señor ya viejo y yo siendo vieja ¿ voy a tener un hijo?" Y se echó a reír. Cuando el ángel de Dios la confrontó, le preguntó "¿porque te reíste?" Ella dijo: "yo no me he reído porque estaba asustada" y el ángel de Dios le respondió: "si te reíste". Por eso es que al nacer el niño, le pusieron Isaac que significa risa o hacer reír, como recordando la risa que la noticia de tener un hijo le causó y también como recordatorio de que para Dios no hay nada imposible de realizar, así a nosotros nos cause risa por incredulidad o no nos alcance la fe para creer que Dios todo lo puede. Isaac cuando tenía cuarenta años, tomó por esposa a una prima llamada Rebeca. Rebeca tuvo dos hijos, el mayor llamado Esaú y el menor llamado Jacob. Al crecer, los dos hermanos se diferenciaron tanto físicamente como en su forma de ser. Ya que Esaú era un hombre velludo mas Jacob era lampiño. Aparte de eso, a Esaú le gustaba la caza y le gustaba estar afuera en el campo y Jacob era todo lo contrario, era un hombre tranquilo, un hombre casero; por lo tanto Isaac amó a su hijo mayor Esaú mas Rebeca amó a su hijo menor Jacob; y siempre hubo esa diferencia, ya que cada uno de los padres se inclinó por uno de sus hijos. Por haber nacido primero a Esaú le tocaba la bendición de la primogenitura. La bendición de esta consistía en que al hijo mayor se le daba el doble al momento de repartir la herencia. O por lo menos una porción o cantidad adicional en relación a lo que le tocaba a los demás hermanos. Era considerado con respeto por sus demás hermanos. Al faltar el padre, él era el que tomaba el mando del hogar y en cuestiones de decisiones delicadas y ya adulto, el padre consultaba con él aparte. Y Dios los tomaba en cuenta en forma especial, por haber sido el principio del vigor de un hombre y que recordaba cuando el Señor libertó a Israel de la cautividad, cuando eran esclavos en Egipto. La primogenitura se daba por el lado de los varones no así del lado de las hembras.

¿Qué dice la Biblia acerca de la primogenitura? «El Señor se dirigió a Moisés y le dijo: «Conságrame los hijos mayores, porque todo primer hijo de los israelitas me pertenece, lo mismo que toda primera cría de sus animales.» Éxodo 13:1-2 DHH.

«También deberán dar una ofrenda como rescate por cada hijo mayor, y cuando el día de mañana sus hijos les pregunten: "¿Qué quiere decir esto?", les responderán: "El Señor nos sacó con gran poder de Egipto, donde vivíamos como esclavos. Cuando el faraón se puso terco en no dejarnos salir, el Señor hirió de muerte al hijo mayor de cada familia egipcia y a todas las primeras crías de sus animales; por eso le ofrecemos al Señor todos los machos que nacen primero, y damos una ofrenda como rescate por nuestro hijo mayor. Por lo tanto, como si tuvieran una marca en el brazo o en la frente, esta ceremonia les hará recordar a ustedes que el Señor nos sacó de Egipto con gran poder."» Éxodo13:13-16 DHH.

Esto de la primogenitura era de tal importancia y para Dios

era de tal valor, que se instituyó un mandamiento para cuando un hombre tuviera dos mujeres, cuando el hombre amare a una y a la otra no, y si la no amada le daba su hijo primogénito, este hombre no podía dejar de considerarlo su hijo mayor en el momento de repartir su herencia. La Biblia lo describe así: «»Si un hombre tiene dos mujeres, y ama a una y a la otra no, pero las dos le dan hijos y el hijo mayor es de la mujer a la que no ama, cuando llegue el día en que ese hombre reparta sus bienes entre sus hijos, no podrá tratar como hijo mayor al de la mujer que ama, pues perjudicaría al hijo de la mujer aborrecida, que es realmente el mayor. Tendrá que reconocer a éste como su hijo mayor y darle una doble parte de los bienes que le correspondan, porque él es el primer fruto de su fuerza y tiene todos los derechos de hijo mayor.» Deuteronomio 21:15-1 DHH.

Siendo Esaú como ya vimos, el hijo mayor, le tocaba la bendición de la primogenitura, por lo tanto también le tocaba la bendición de recibir en herencia una doble porción de la tierra prometida, que Dios le había dado por medio del pacto a su abuelo Abraham y, confirmada a su papá Isaac. Pero lamentablemente Esaú vendió sus derechos de hijo mayor, es decir su primogenitura, por un plato de lentejas a su hermano Jacob. Por lo cual la primogenitura pasó a ser ahora de Jacob y con ella la promesa de la herencia de la tierra de Canaán. Ya dicha promesa no era para Esaú sino para Jacob; y por eso ahora vamos a ver que de aquí en adelante la Biblia registra a los descendientes de Jacob como los herederos de la promesa de habitar la tierra prometida. Ahora la descendencia para recibir la tierra prometida quedaba de esta manera: Dios le prometió a Abraham y a su descendencia, Abrahan tuvo a Isaac, este a su vez tuvo a Esaú y a Jacob, pero al Esaú vender sus derechos de primogénito a Jacob, le transfiere a este entonces la línea generacional de la promesa. Por eso veremos de aquí en adelante, que los descendientes de Jacob, que al final formaron las doce tribus de Israel, son los que heredaron la promesa y actualmente están heredando la tierra prometida.

La Biblia narra de esta manera como fue que Esaú vendió su primogenitura: «Un día en que Jacob estaba cocinando, Esaú regresó muy cansado del campo y le dijo: —Por favor, dame un poco de ese guiso rojo que tienes ahí, porque me muero de hambre. (Por eso a Esaú también se le conoce como Edom.) —Primero dame a cambio tus derechos de hijo mayor —contestó Jacob. Entonces Esaú dijo: —Como puedes ver, me estoy muriendo de hambre, de manera que los derechos de hijo mayor no me sirven de nada. —Júramelo ahora mismo —insistió Jacob. Esaú se lo juró, y así le cedió a Jacob sus derechos de hijo mayor. Entonces Jacob le dio a Esaú pan y guiso de lentejas. Cuando Esaú terminó de comer y beber, se levantó y se fue, sin dar ninguna importancia a sus derechos de hijo mayor.» Génesis 25:29-34 DHH.

Explicado lo de la primogénita y visto como Esaú se la cedió a Jacob, sigamos el rastro de los descendientes de Jacob. Dice la Biblia que pasado el tiempo, siendo Isaac viejo, que incluso ya no veía, se dispuso antes de morir, a darle la bendición de la primogenitura a Esaú, más al escucharlo su madre Rebeca, llamó a Jacob y le dijo: " tu papá le va dar la bendición de la primogenitura a tu hermano Esaú, anda, haz esto, esto y esto para que sea a ti que tu papá te dé la bendición." En resumen, Jacob, por instrucción de su madre, engañó a su padre Isaac y se hizo pasar por Esaú, recibiendo la bendición de la primogenitura; que en la práctica en verdad le correspondía porque Esaú se la había vendido años atrás. Al enterarse Esaú de que su hermano Jacob lo había suplantado, engañando a su padre para que le diera la bendición de la primogenitura, lloró amargamente y le suplicó a su padre que lo bendijera igual, mas Isaac le dijo que lo podía bendecir, pero sin llegar a alcanzar la bendición de hijo mayor, pues era única y ya se la había dado a Jacob. Por consiguiente Esaú juró matar a Jacob, una vez muriera su padre. Al enterarse Rebeca de los planes de Esaú de matar a su hijo Jacob, rápidamente llamó a este, y le dijo que se fuera a que su familia en Harán, el cual quedaba a unos seiscientos cincuenta kilómetros de distancia, y que se quedara a vivir con su hermano Labán, hasta que a su hermano Esaú se le pasara la molestia y la rabia de querer matarlo. Jacob se fue prácticamente huyendo de su hermano Esaú y llegando a Harán, se quedó a vivir con su tío Labán. Dice la biblia que este hombre llamado Labán, tenía dos hijas; la mayor llamada Lía y la menor llamada Raquel. Con el tiempo y después de unas negociaciones entre Jacob y Labán, estas mujeres llegaron a ser esposas de Jacob. La mayor llamada Lía le dio a Jacob seis hijos varones y además, como está mujer tenía una esclava llamada Zilpá, también se la dio a Jacob para que se llegara a ella; y Jacob con esta esclava tuvo dos hijos varones. Raquel por el contrario, dice la biblia, que era estéril y, como no le podía dar hijos a Jacob, y teniendo ella una esclava también llamada Bilhá, se la dio a Jacob para que se llegara a ella. Y esta esclava le dio dos hijos varones a Jacob. Con el tiempo Dios tuvo misericordia de Raquel y permitió que ella saliera embarazada y le dio los dos últimos hijos a Jacob.

Antes de continuar con el relato de los hijos de Jacob, es bueno que usted sepa que en la antigüedad, los esclavos no tenían ningún derecho, y los amos, los dueños de ellos, podían disponer aun de sus vidas. Además se acostumbraba que cuando una mujer no podía darle hijos a su esposo y tenía una esclava; entonces le daba la esclava a su esposo para que este se llegara a ella y cuando la esclava quedaba embarazada e iba a dar a luz, en el momento exacto del alumbramiento, la esclava se sentaba sobre las piernas de su ama, y cuando el niño nacía, este era considerado hijo de la dueña y no de la esclava. Por eso vemos que cuando Lía no pudo darle más hijos a su esposo Jacob, tomó su esclava Zilpá y se la dio a Jacob. Raquel, como era estéril, ya le había dado de igual forma a su esclava Bilhá a Jacob para que se llegase a ella. Así, cuando la esclava dio a luz esos dos hijos los tuvo en las rodillas de Raquel y era como si fueran sus hijos. La Biblia lo registra de esta manera: <Y ella dijo: He aquí mi sierva Bilha; llégate a ella, y dará a luz sobre mis rodillas, y yo también tendré hijos de ella.» Génesis 30:3 RVR1960. Esta es la historia del porqué las esclavas eran dadas a los esposos de sus amas; porque se consideraban como hijos legítimos de la dueña que no podía dar a luz. Esa era la costumbre aceptada de aquellos tiempos.

Los hijos que Jacob tuvo con Lía fueron seis, y estos fueron sus nombres: Rubén, Simeón, Leví, Judá, Isacar y Zabulón

Los hijos que Jacob tuvo con la esclava Zilpá fueron dos, y estos fueron sus nombres: Gad y Aser.

Los hijos que Jacob tuvo con la esclava Bilhá fueron dos, y estos fueron sus nombres: Dan y Neftalí.

Los hijos que Jacob tuvo con Raquel fueron dos, y estos fueron sus nombres: José y Benjamín. Génesis 35:22.

Éstos doce hijos de Jacob vinieron a conformar las doce tribus de Israel. Es decir cada hijo de Jacob, llegó a fundar una tribu; por eso es que se conocen como las doce tribus de Israel, a estos fue que Dios les había prometido la tierra de Canaán, es decir la tierra prometida. Recordemos que Dios se la ofreció primero a Abraham y a su descendencia, luego a Isaac y a su descendencia, después a Jacob y a su descendencia. Y por último a las doce tribus de Israel que fueron la descendencia de Abraham, Isaac y de Jacob. Dios ha cumplido su palabra hasta el día de hoy.

De estos doce hijos de Jacob, once nacieron en la tierra de Harán; recuerde que Jacob había salido huyendo de su hermano Esaú, y el último hijo le nació en la tierra de Canaán. Pasados más de veinte años, Jacob tomó la decisión de volver nuevamente a la tierra de Canaán de donde había salido y regresó con sus esposas, sus hijos y todas sus pertenencias. La Biblia lo narra así: <Jacob se preparó para regresar a Canaán, donde vivía su padre Isaac. Hizo montar a sus hijos y a sus mujeres en los camellos, tomó todo lo que tenía, y se puso en camino con todos los animales que había recibido por su trabajo en Padán-aram.» Génesis 31:17-18 DHH.

CAPÍTULO 4

DE CANAÁN A LA ESCLAVITUD EN EGIPTO

Ya establecido Jacob en la tierra de Canaán con sus hijos y habiendo hecho las paces con su hermano Esaú, se dispuso a vivir tranquilamente con sus doce hijos en la tierra de Canaán. Lamentablemente Jacob cometió el mismo error que su padre Isaac, pues se inclinó a amar más a José que a sus demás hijos, es decir, José era su hijo preferido, lo que despertó celos y envidia entre sus hermanos.

Llegada la oportunidad, los diez hermanos mayores de José decidieron por envidia venderlo, lo cual hicieron. Así lo vendieron a unos mercaderes ismaelitas que iban pasando en una caravana. Y a Jacob lo engañaron diciéndole que habían encontrado las ropas ensangrentadas de José en el campo, y Jacob llegó a la conclusión que lo más seguro es que algún animal salvaje lo haya devorado. Y Jacob lloró amargamente la supuesta muerte de José. Por su parte los ismaelitas a su vez lo llevaron a Egipto, y lo vendieron a un oficial, capitán del faraón egipcio.

El capitan egipcio se llevó a José para su casa y lo puso de mayordomo de todos sus bienes y, José hacía todas las cosas bien delante de Dios. Luego la mujer del capitán puso sus ojos en José y quiso acostarse con él, es decir, quiso tener intimidad sexual a lo que Jose se negó. La mujer todos los días seguía insistiendo de querer acostarse con él, mas José siempre se negaba, diciendo que no, que él respetaba a Dios y a su amo el capitán egipcio. La mujer, dice la Biblia, una vez intentó prácticamente a la fuerza acostarse con José, y llegó al punto de quitarle la ropa. José salió corriendo, dejando sus ropas en la casa donde estaba la mujer egipcia. Cuando su marido llegó, la mujer le levantó una calumnia a José diciéndole a su esposo: "mira el esclavo que nos trajiste, ese tal José, quiso abusar de mí sexualmente, pero yo me defendí y grité y él salió corriendo; mira aquí está la ropa como prueba de que es verdad lo que te estoy diciendo." El capitán se molestó tanto con José, que lo envió a la carcel de los presos del faraón.

Estando José en la cárcel conoce a dos funcionarios del faraón; que habían sido acusados de delinquir, uno era el panadero del faraón y el otro era el copero . Pasado un tiempo los dos funcionarios que estaban presos tuvieron un sueño y se lo contaron a José. Este les interpretó a cada uno el sueño y, como José les había interpretado, ciertamente así ocurrió. Al panadero lo ahorcaron como José le había dicho que le sucedería y al copero del rey lo restituyeron en su cargo como José le había dicho. Cuando se va el copero nuevamente a trabajar ante el faraón, José le dice: " acuérdese de mí, háblele al faraón de mi persona, porque yo estoy preso injustamente." El copero le dice que sí, que va a hablar al faraón. Pero al hombre se le olvidó, no se acordó más de José. Luego pasado un tiempo, más de dos años, el faraón tuvo un sueño de siete vacas gordas y de siete vacas flacas; de siete espigas gordas y de siete espigas flacas; y que las vacas flacas se comían a las gordas y que las espigas flacas se comían a las espigas gordas. El faraón quedó intrigado por el sueño, mas no encontró quien se lo interpretara. En ese momento fue que el copero se acordó de José y le dijo al faraón: "ahora me acuerdo de que cuando yo estaba preso y el panadero también, tuvimos un sueño cada uno y allí estaba un hombre que nos los interpretó, y como nos dijo, así ocurrió. ¿ Por qué no llama usted a ese hombre para que le interpreta el sueño?" Y el faraón lo hizo así, llamaron a José, el cual se vistió, se afeitó, se acomodó y se presentó ante el faraón. Cuando el faraón le narra el sueño a José, él lo interpreta y le dice que las siete vacas gordas son siete años de abundancia y las siete vacas flacas son siete años de escasez, y lo mismo significan las espigas; que las siete espigas gordas son siete años de abundancia y las siete espigas flacas son siete años de escasez. José le recomienda al faraón un plan para almacenar trigo en el tiempo de la abundancia para que cuando vinieran los siete años de escasez en Egipto, tuviese de donde echar mano y tomar comida. El Faraón nombró a José inmediatamente como el segundo de Egipto, para que se encargara de todo lo relacionado con el almacenamiento de los siete años de abundancia que vendrían. José se encargó, con la bendición de Dios, de crear grandes almacenes para aprovechar la abundancia que iba a producir la tierra durante los siete años de las vacas gordas. Pasados los siete años de la abundancia, durante los cuales la tierra produjo como nunca y José almacenó trigo como la arena del mar, vinieron los siete años de escasez, no solamente en Egipto, sino en toda la tierra de Canaán. No se encontraba alimento en ningún sitio y empezó la gente a ir a Egipto a comprar alimento; porque se había escuchado que en Egipto habían almacenado suficiente trigo y que a todo el que iba a comprar le vendían. José se hizo un gran nombre, era muy respetado, siendo una autoridad reconocida en todo Egipto, es decir, después de faraón venía José en autoridad y, así lo reconocía todo a la gente de Egipto.

Jacob y sus hijos que vivían en la tierra de Canaán se

enteran de que en efecto hay abundancia de trigo en Egipto, y que todo el que iba a allá a comprar, le vendían trigo. Por eso Jacob les dijo a sus hijos: " vayan pronto a Egipto y compren abundante trigo para nosotros." Y así lo hicieron los diez hermanos mayores de José. Estos fueron a Egipto a comprar trigo. Cuando llegaron a Egipto, José reconoció a sus hermanos mayores pero se hizo el que no los conocía, los atendió y sabiamente les preguntó por su padre Jacob y su hermano menor Benjamin. Una vez comprado el trigo, los diez hermanos de José se marcharon a Canaán, sin saber que quien les vendió el trigo, fue su hermano José. Al acabársele el trigo que habían comprado, tuvieron que volver nuevamente a Egipto a comprar más trigo. En esa oportunidad José se dio a conocer a sus hermanos, hubo un encuentro muy apasionado; lloraron, se abrazaron, se besaron y fue de gran regocijo para todos. Los hermanos mayores le pidieron perdón a José y este les dijo que los perdonaba, que ellos pensaron hacerle mal pero Dios había convertido esa mala acción en una bendición. Que Dios lo había enviado para preservarles la vida a todos ellos. Ya que Dios lo había honrado y que él ahora podía tenerlos a todos en la tierra de Egipto. José le informó al faraón que habían venido sus familiares y que él quería que todos vinieran a vivir en Egipto, el faraón se alegró y le dio todas las facilidades a José para que enviara a buscar a su padre y sus pertenencias, a sus hermanos con sus esposas e hijos, es decir, a toda la familia de José. Una vez llegados a Egipto, vivieron en la tierra de Gosen. Y ahí fueron creciendo y se multiplicaron en gran numero. Esta es la historia de el porqué los de Israel o sea Jacob y sus hijos junto con sus esposas e hijos vinieron a vivir a Egipto.

José en Egipto tuvo dos hijos: Manasés el mayor y Efrain el

menor. Veamos cómo está el panorama ahora: todo el pueblo de Israel, es decir, Jacob y sus descendientes están viviendo en Egipto. Pero recordemos que la bendición de la tierra prometida era la tierra de Canaán, que Dios se la ofreció a Abraham, a Isaac, a Jacob, y a sus descendientes, que ya vimos que fueron los doce hijos de Jacob, que llegaron a conformar las doce tribus de Israel. Veamos ahora qué fue lo que ocurrió o que aconteció para que el pueblo de Israel saliera de Egipto y regresara a la tierra prometida.

PARÉNTESIS HISTÓRICO EXPLICATIVO.

La Biblia dice en el libro de Éxodo: «José y sus hermanos, y todos los de esa generación, murieron; pero como los israelitas tenían muchos hijos, se multiplicaron de tal manera que llegaron a ser muy poderosos. El país estaba lleno de ellos. Más tarde hubo un nuevo rey en Egipto, que no había conocido a José, y que le dijo a su pueblo: «Miren, el pueblo israelita es más numeroso y más poderoso que nosotros; así que debemos tramar algo para impedir que sigan aumentando, porque puede ser que, en caso de guerra, se pongan de parte de nuestros enemigos para pelear contra nosotros y se vayan de este país.» Por eso los egipcios pusieron capataces encargados de someter a los israelitas a trabajos muy duros. Les hicieron construir las ciudades de Pitón y Ramsés, que el faraón, rey de Egipto, usaba para almacenar provisiones.» Éxodo 1:6-11 DHH. Para poder entender que fue lo que pasó, porque ahora el pueblo de Israel pasó a ser esclavo de los egipcios, debemos recurrir a la historia, la cual nos arroja luz, para comprender que ocurrió.

La historia narra que Egipto no nació siendo un solo pueblo, un solo reinado; sino que al comienzo eran como tribus nómadas que se fueron uniendo en grupos grandes denominadas nomos o provincias y de esas uniones, resultaron dos reinados; uno que se llamaba el alto Egipto, al sur, formado por 22 provincias y el otro que se denominaba el Bajo Egipto, al norte, formado por 20 provincias. Cada uno tenía su rey y sus leyes y eran independientes el uno del otro, hasta el punto que en ocasiones, llegaban a rivalizar por el control total del territorio. Hubo un tiempo en que los que gobernaban el bajo Egipto eran los reyes llamados los Hicsos. ¿Quienes eran los Hicsos? Eran personas que habían venido de fuera y se habían residenciado en Egipto, que con el tiempo se fueron multiplicando, haciéndose poderosos y en un momento dado de la historia, tomaron el poder del bajo Egipto y entonces empezaron a gobernar ellos, manteniendo las costumbres y cultura egipcias. Con el término hicsos (en egipcio heqa khaseshet, 'gobernantes extranjeros', en griego ὑκσώς hiksós) se designa a un grupo humano procedente del Cercano Oriente . Bajo el gobierno de los Hicsos, fue que José y su familia se radicaron en el bajo Egipto.

La historia narra y así lo demuestra la arqueología que en el año 3100 a. C., el rey Menes que era quien gobernaba en ese entonces el alto Egipto, invadió el territorio del Bajo Egipto y unificó los dos reinados en un solo territorio, un solo gobierno, en un único reinado.

Por eso es que dice la biblia que más tarde hubo un nuevo rey, otro faraón que no había conocido a José, que no sabía nada de lo bueno que él había hecho. También es bueno saber que para los egipcios, era abominación estar con pastores de ovejas. La Biblia lo dice de esta manera: <porque para los egipcios todo pastor de ovejas es

una abominación.» Génesis 46:34 LBLA.

Vea entonces lo que estaba pasando: los egipcios que veían mal a los israelitas porque eran pastores de ovejas y segundo se levanta un rey que no conoció a José, por lo tanto la decisión que tomaron, viendo a Israel un pueblo tan numeroso fue; vamos a esclavizarlo para que no se vaya a levantar en contra de nosotros si viniera un pueblo enemigo a atacarnos, y de paso lo aprovechamos como una buena obra de mano barata. Así fue como el pueblo de Israel terminó siendo esclavo de los Egipcios.

CAPÍTULO 5

ISRAEL:
DE EGIPTO A LA TIERRA PROMETIDA.

C on este cambio de faraón, Israel pasa a ser un pueblo esclavo como ya vimos. Y así pasaron muchos años, pero la promesa de Dios seguía vigente. Recordemos que Dios había prometido darle la tierra prometida a los descendientes de Abraham, de Isaac y de Jacob. Así que llegado el tiempo en que Dios había dispuesto la liberación de Israel, pasados más de cuatrocientos años, el Señor levantó a Moisés para que fuera delante del faraón a decirle que Dios se le había manifestado y le mandaba a decir que dejara ir libre a su pueblo. Mas el faraón no quiso hacerlo, más bien endureció su corazón y Dios le envió plagas para que viera que Él es todopoderoso y que tenía el poder para liberar a su pueblo, aun por sobre el poder del faraón.

El señor les envió al faraón y a su pueblo las siguientes plagas:

1.- La plaga de sangre, la cual consistió en que todas las aguas de Egipto, tanto de los ríos como los estanques y en todo lugar que hubiese agua, se convirtiera en sangre.

2.- La plaga de ranas, la cual consistió en una aparición de millares de ranas en toda la tierra de Egipto. En todo lugar, en todo rincón, en todo sitio había ranas; lo cual volvió prácticamente loco al faraón, y este pidió a Moisés que rogara a Dios que quitara las ranas.

3.- La plaga de piojos, la cual consistió en que todo el polvo de la tierra de Egipto se convirtió en piojos, y todos los hombres y mujeres de Egipto, así como las bestias y todos los animales de los egipcios tenían piojos.

4.- La plaga de moscas, la cual consistió en que toda la tierra de Egipto se llenó de toda clase de moscas molestísimas, sobre la casa del faraón y sus siervos y sobre todo el país de Egipto y, la tierra fue corrompida a causa de ellas. Es decir, la inmensa cantidad de moscas, fastidió a todos los habitantes y los animales de Egipto, era algo impresionante.

5.- La plaga del ganado, la cual consistió en que Dios dijo que se iba a morir todo el ganado de los egipcios. Y así ocurrió. Cuándo llegó esta plaga, todo el ganado de los egipcios murió de una forma inexplicable, es decir, una plaga los consumió y los mató a todos.

6.- La plaga de úlceras, la cual consistió en que todos los habitantes de Egipto, así como sus animales, todos sufrieron de úlceras; una úlcera es una llaga, y todos los egipcios sin excepción, sufrieron de úlceras, porque esa era la plaga que Dios había mandado para ese momento.

7.- La plaga del granizo, la cual consistió en que Dios envió un granizo tan grande y tan fuerte a toda la tierra de Egipto como nunca antes había ocurrido. Y este granizo mató tanto a los hombres y a la bestias que estaban en el campo y destruyó toda la agricultura, desgajó a todos los árboles, porque el granizo era demasiado grande y muy pesado. Esta fue la plaga de granizo, que devastó a toda la tierra de Egipto.

8.- La plaga de langostas, es decir, saltamontes. La Biblia

describe de esta manera lo terrible que iba hacer esta plaga, lo narra así: «porque si te sigues oponiendo a dejarlo ir, mañana haré que vengan langostas sobre tu país, las cuales cubrirán la tierra en tal cantidad que no se podrá ver el suelo. Se comerán lo poco que haya quedado después del granizo, y se comerán también todos los árboles del campo. Llenarán tus palacios, y las casas de tus funcionarios, y las casas de todos los egipcios. ¡Será algo como nunca vieron tus padres ni tus abuelos desde sus días hasta los nuestros!" Al terminar de hablar, Moisés dio media vuelta y salió del palacio del faraón.» Éxodo 10:4-6 DHH.

9.- La plaga de tinieblas, la cual consistió en que durante tres días hubo una densa oscuridad en toda la tierra de Egipto, tan densa eran las tinieblas, que nadie vio su prójimo en tres días, ni nadie salió de su casa en tres días, porque la oscuridad era total y profunda.

10.- La muerte de los hijos primogénitos, la cual consistió en que Dios, por medio de su ángel, hirió de muerte a todo hijo primogénito en toda la tierra de Egipto, desde el hijo del faraón hasta el hijo del esclavo. Dice la biblia que no hubo una casa en toda la tierra de Egipto, donde no hubiese un muerto. Esta fue la última y terrible plaga que Dios envió sobre faraón para que dejara ir libre a su pueblo Israel. Una vez acaecida esta última plaga, faraón dejó ir libre al pueblo de Israel rumbo a la tierra prometida.

Esa misma noche el pueblo de Israel al mando de Moisés salió victorioso de la tierra de Egipto. Ahora una vez que se fueron, el faraón endureció su corazón y decidió ir en contra de los de Israel para matarlos y los encontró frente al mar rojo, donde Dios le dijo a Moisés que extendiera su vara y dividiera el mar rojo en dos. Cuando Moisés lo hizo así, Dios mandó un gran viento y dividió las aguas del mar rojo en dos, para que los de Israel pasaran en seco y llegaran al otro lado. Los egipcios al mando del faraón quisieron hacer lo mismo, mas cuando se internaron en el mar rojo y una vez que los israelitas lo habían cruzado, Dios volvió a unir las aguas del mar rojo, donde todos los egipcios, desde el faraón hacia abajo, murieron ahogados; así libró Dios a los de Israel de una muerte segura a mano del faraón.

BREVE EXPLICACIÓN.

Según los mapas geográficos actúales, la distancia desde donde salieron los israelitas a la tierra prometida en línea recta era de 390 a 400 kilómetros. Es decir, que si los israelitas tomaban esa ruta y caminaban a razón de diez kilómetros diarios, entonces llegarían a la tierra prometida en solo unos cuarenta días. Pero había un obstáculo, tenían que pasar por la tierra de los filisteos, gente aguerrida, mala y perversa y, Dios sabiendo que los israelitas venían de ser esclavos y que no tenían un espíritu guerrero, sino que se iban a someter al primer obstáculo, decidió por el bien de ellos, no llevarlos en línea recta. La Biblia lo registra así: «Cuando el faraón dejó salir al pueblo israelita, Dios no los llevó por el camino que va al país de los filisteos, que era el más directo, pues pensó que los israelitas no querrían pelear cuando tuvieran que hacerlo, y que preferirían regresar a Egipto.» Éxodo 13:17 DHH. Había otra ruta, la cual era atravesar la grande y vasta región central de la península del Sinaí con su meseta que tenía un camino muy pedregoso, muy rocoso y el clima era demasiado inhóspito, para llegar a Cades Barnea , que era la frontera prácticamente de la tierra prometida, y desde allí fue que Moisés envió a los doce espías a reconocer la tierra de Canaán. (Números 13) Pero tampoco Dios los dirigió por ahí. La tercera opción, que fue la que tomó Moisés, fue la ruta que los llevaría por el sur hasta llegar al monte Sinaí, donde Dios le entregó las dos tablas con los diez mandamientos y además les dio por el camino las normas y los estatutos a seguir para honrar a Dios. Tardaron desde la salida de Egipto hasta la frontera de la tierra prometida, aproximadamente casi dos años en llegar. Al llegar a Cades Barnea, como ya se dijo, Moisés envió doce espías, los cuales estuvieron cuarenta días recorriendo la tierra y de esos doce espías, diez trajeron un mal reporte diciendo que era imposible, que no se podía tomar la tierra prometida porque las murallas de las ciudades eran muy grandes e impenetrables, y que los hombres de ahí, eran grandes y fuertes; además dijeron que se encontraron con hombres gigantes, y que ellos delante de esos gigantes, parecían como langostas, es decir, unos saltamontes. Solamente dos de los espías, Josué y Caleb, trajeron buen reporte de la tierra prometida y además dijeron que si Dios estaba con ellos, los israelitas, a esa gente se lo comerían como pan. Pero como lo malo es lo que se queda, la gente, el pueblo de Israel, escuchó fue el mal reporte de los diez espías y , entonces todo Israel, es decir, más de dos millones y medio de personas, pasaron la noche llorando, renegando y diciendo cosas contra Dios y Moisés, y decían : "mejor nombremos un capitán, mejor nombremos un líder para que nos devolvamos a Egipto." A Dios esto no le gustó por lo que emitió juicio sobre todo el pueblo y les dijo: " por no haber creído a mi promesa y por haber escuchado lo malo, ahora van a estar cuarenta años en el desierto, o sea, un año por cada día que los espías estuvieron espiando la tierra de Canaán, hasta que mueran en el desierto, ya que esta generación mala, perversa e incrédula no va entrar a la tierra prometida." De ahí empezaron a deambular por el desierto hasta que aquella generación perversa, maligna e incrédula murió y se levantó una nueva generación, es decir aquellos niños que estaban cuando los espías reconocieron la tierra prometida, aquellos cuyos padres dijeron que nuestros hijos y nuestras mujeres van a hacer esclavos, estos fueron los que entraron a la tierra prometida junto con Josué y Caleb, ya que ellos si habían creído y habían puesto su confianza en Dios.

PARÉNTESIS EXPLICATIVO

DE LAS MEDIAS TRIBUS DE MANASÉS Y EFRAÍN.

Aunque José era hijo de Jacob y era uno de los doce que formaron las doce tribus de Israel, no aparece especificado nunca la tribu de José en la repartición de la tierra prometida. ¿Porqué? Por que la Biblia narra en el libro de Génesis capítulo 48: 5 que Jacob al reunirse con José en Egipto y conocer a sus nietos, los hijos de José: Manasés y Efraín, los adoptó como hijos suyos, los reclamó para él y desde ese momento en adelante, cuando Israel se multiplica, empezaron a nombrar a los descendientes de José como la media tribu de Efraín y la media tribu de Manasés. La Biblia lo narra así: «Ahora bien, tus hijos Efraín y Manasés, que te nacieron aquí en Egipto antes de que yo viniera a reunirme contigo en este país, me pertenecen a mí. Ellos son tan míos como lo son Rubén y Simeón. Los hijos que tengas después de ellos te pertenecerán a ti y, por ser hermanos de Efraín y Manasés, tendrán parte en su herencia.» Génesis 48:5-6 DHH.

Es bueno hacer notar que el primogénito de Jacob era Rubén, por lo tanto a él le tocaba la bendición de la primogenitura, o sea, ser el más grande, más fuerte y llevarse la bendición completa y ser el preeminente sobre sus hermanos, pero la Biblia dice que Rubén deshonró el lecho de su padre, porque se acostó con la concubina de Jacob y al haber hecho eso, Jacob le quitó la primogenitura y se la dio a Efraín que era el segundo hijo de José. La Biblia lo narra de esta manera: «»Tú, Rubén, eres mi hijo mayor, mi fuerza y primer fruto de mi vigor, el primero en honor y en poder. Pero ya no serás el primero, porque eres como un torrente incontenible: pues deshonraste mi cama al acostarte con mi concubina.» Génesis 49:3-4 DHH.

Es de hacer notar que el primer hijo de José era Manasés mas como en un acto profético, cuando Jacob les dio la bendición a los hijos de José, puso a Efraín como el primogénito; por eso vemos siempre que de las tribus de Israel, Efraín siempre fue la tribu más fuerte, la más activa, la más predominante, a tal punto que hay varios pasajes de las escrituras donde se nombra a Efraín como si fuera todo Israel. Así lo registra la Biblia: <Pero al extender Israel sus manos, las cruzó y puso la mano derecha sobre la cabeza de Efraín, que era el menor, y la mano izquierda sobre la cabeza de Manasés, aunque él era el mayor. Pero a José le pareció mal que su padre pusiera la mano derecha sobre la cabeza de Efraín, así que tomó la mano de su padre para quitarla de la cabeza de Efraín y ponerla sobre la de Manasés, mientras le decía: —¡No, padre, así no! Éste es el mayor. Pon tu mano derecha sobre su cabeza. Pero su padre no quiso hacerlo, y contestó: —¡Ya lo sé, hijo, ya lo sé! También él llegará a ser una nación muy importante. Sin embargo, su hermano menor será más importante que él, y sus descendientes llegarán a formar muchas naciones.» Génesis 48:14, 17-19 DHH.

CAPÍTULO 6

LA TIERRA PROMETIDA
Y SURGIMIENTO DE LOS JUECES.

Una vez que el pueblo de Israel al mando de Josué, pues Moisés murió antes de entrar a la tierra prometida y por recomendación del mismo Moisés, por decirlo así, aunque la decisión fue del Señor, Dios nombró a Josué como su sucesor, «Y Moisés dijo al Señor: —Dios y Señor, tú que das la vida a todos los hombres, nombra un jefe que se ponga al frente de tu pueblo y lo guíe por todas partes, para que no ande como rebaño sin pastor. El Señor respondió a Moisés: —Josué, hijo de Nun, es un hombre de espíritu. Tómalo y pon tus manos sobre su cabeza.» Números 27:15-18 DHH. Así que con Josué al mando cruzaron el río Jordán, y empezaron a tomar la tierra prometida. Dios le hizo la promesa a Josué que si obedecía las palabras de la ley del Señor y las guardaba, todo le iba a salir bien y nadie le podría hacer frente todos los días de su vida. Josué se mantuvo obedeciendo los mandamientos de Dios y derrotó a treinta y un reyes y repartió la tierra prometida a las doce tribus de Israel, como Dios se lo había prometido a sus antepasados: Abraham, Isaac y Jacob. Dice la Biblia: «Yo repartí por sorteo todas estas tierras entre las tribus. No repartí sólo los territorios ya conquistados, sino también los que quedan por conquistar, desde el río Jordán al este hasta el mar Mediterráneo al oeste.»Josué 23:4 DHH.

Durante todo el tiempo que vivió Josué el pueblo de Israel le fue fiel al Señor, obedeciendo y guardando los mandamientos de Dios. Una vez que Josué muere a la edad de ciento diez años, y toda esa generación que tomaron posesión de la tierra prometida al mando de Josué, dice la palabra que se levantó otra generación que no conocía nada de Josué ni de lo que Dios había hecho y empezaron a apartarse de los caminos rectos del Señor. Con estas palabras lo expresa la Biblia: «Cuando Josué se despidió de los israelitas, cada uno se fue a tomar posesión de la tierra que le había tocado. Mientras él vivió, los israelitas mantuvieron el culto al Señor; y también mientras vivieron los ancianos que sobrevivieron a Josué, que habían visto todos los grandes hechos del Señor en favor de Israel. Pero murió Josué, a la edad de ciento diez años, y lo enterraron en su propio terreno de Timnat-sérah, que está al norte del monte de Gaas, en los montes de Efraín. Murieron también todos los israelitas de la época de Josué. Y así, los que nacieron después no sabían nada del Señor ni de sus hechos en favor de Israel.» Jueces 2:6-10 DHH.

Es de hacer notar que aunque Josué derrotó a treinta y un reyes y repartió la tierra prometida a cada una de las tribus, no todas las tribus pudieron derrotar y echar fuera a los habitantes de la tierra prometida, que vivían en la parte de la tierra que les tocó. Algunas de las tribus pelearon por muchos años contra los enemigos que habían quedado, hasta que se hicieron fuerte y al final si los echaron fuera; pero los primeros años no fue así. «Pero los de la tribu de Efraín no echaron de Guézer a los cananeos que allí vivían, sino que los dejaron vivir entre ellos, aunque los obligaron a pagarles tributo. Y hasta la fecha los cananeos viven allí.» Josué 16:10 DHH. Y «Después, cuando los israelitas se hicieron más fuertes, obligaron a los cananeos a pagarles tributo, pero no los echaron de allí.» Josué 17:13 DHH, además <Pero los de la tribu de Manasés no pudieron tomar posesión de estas ciudades, porque los cananeos opusieron resistencia y se quedaron allí.»Josué 17:12 DHH.

Y como se había levantado una generación que no conocía nada acerca del Señor, la Biblia dice que cada quien hacía lo que le daba la gana, lo cual trajo castigo de parte de Dios hacia ellos. «Como en aquella época aún no había rey en Israel, cada cual hacía lo que le daba la gana.» Jueces 17:6 DHH, «En aquella época aún no había rey en Israel, y cada cual hacía lo que le daba la gana.» Jueces 21:25 DHH.

¿POR QUÉ SURGIERON LOS JUECES EN ISRAEL?

La Biblia narra como se explicó anteriormente, que los de Israel al morir Josué y la generación que conocía a Dios, que se levantó otra generación que no lo conocía, la cual comenzó a hacer lo malo delante del Señor y adorar a otros dioses. Por eso Dios permitía que los enemigos que habían quedado en Israel se levantarán contra ellos, y los oprimieran, y estos al verse oprimidos clamaban a Dios, el cual era movido a misericordia cuando Israel le pedía perdón y se arrepentía, entonces Dios les levantaba hombres y mujeres del mismo Israel que los defendiera. Una vez que ese hombre o mujer se levantaba y organizaba al pueblo para pelear contra el enemigo con la ayuda de Dios, una vez vuelto con la victoria, se convertía en juez del pueblo o tribu de Israel. Y mientras ese juez vivía, Israel o la tribu libertada, caminaba bien delante de Dios, mas una vez que ese juez moría el pueblo de Israel volvía a hacer lo malo delante de Dios. Se daba el caso que al mismo tiempo pero en diferentes tribus Dios levantaba a jueces, es decir, que había jueces contemporáneos entre ellos; por ejemplo, uno se levantaba a liberar la tribu de Efraín y otro al mismo tiempo se levantaba a liberar a la gente de la tribu de Judá. Por eso fue que aparecieron los jueces, pues Dios los levantaba para liberar a su pueblo de la opresión del enemigo, una vez que estos se habían arrepentido y se apartaban de hacer lo malo delante de la presencia de Dios. La Biblia lo expresa de esta manera: «Pero los hechos de los israelitas fueron malos a los ojos del Señor, pues empezaron a adorar a las diferentes representaciones de Baal. Dejaron al Señor, el Dios de sus antepasados que los había sacado de Egipto, y se entregaron a adorar a los dioses de la gente que vivía alrededor, provocando así el enojo del Señor. Dejaron al Señor por adorar a Baal y a las diferentes representaciones de Astarté, y por eso el Señor se enojó contra Israel e hizo que los ladrones los despojaran de lo que tenían, y que sus enemigos de los alrededores los derrotaran sin que ellos pudieran hacerles frente. Cada vez que el Señor hacía surgir un caudillo, también lo ayudaba, y durante la vida del caudillo libraba a los israelitas del poder de sus enemigos, pues sentía compasión de ellos al oírlos gemir por causa de la opresión que sufrían. Pero cuando el caudillo moría, ellos volvían a corromperse, y llegaban a ser peores que sus padres, sirviendo y adorando a otros dioses. No abandonaban sus malas prácticas, ni su terca conducta. Por eso el Señor se enfureció contra Israel, y dijo: «Esta gente rompe la alianza que yo hice con sus antepasados, y no quiere obedecerme. Por lo tanto, no volveré a desalojar ante ellos a ninguno de los pueblos que Josué no desalojó antes de morir.» Con esto el Señor quería ver si los israelitas seguirían el camino del Señor, como antes lo habían seguido sus antepasados, o no.» Jueces 2:11-14, 18-22 DHH.

Fueron por todo quince jueces en Israel, siendo el primer juez uno llamado Otoniel y el último juez de Israel fue el profeta Samuel. La época de los jueces abarca un período de trescientos veinticinco a trescientos cincuenta años. Uno de los jueces más famoso por sus obras fue Sansón, conocido por su extraordinaria fuerza física dada por Dios. La única mujer que fue juez en Israel se llamaba Débora, la cual era profetisa y casada con un hombre llamado Lapidot.

¿Por qué surgieron los jueces en Israel?

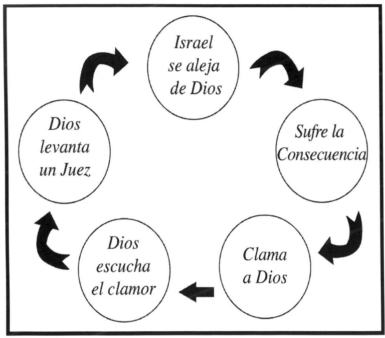

Cuadro cronológico Ada Silvera

CAPÍTULO 7

SURGIMIENTO Y DESAPARICIÓN
DE LOS REYES DE ISRAEL.

Así como vimos que hubo un motivo por el cual surgieron los jueces en Israel, así mismo hubo otro motivo por el cual surgieron los reyes en el pueblo de Israel, es decir, lo que dio comienzo a la monarquía en Israel, tuvo un porqué. Y el motivo fue el siguiente: dice la biblia que como ya Samuel estaba viejo, este puso a sus dos hijos a gobernar en conjunto con él al pueblo de Dios, pero los hijos de Samuel eran hombres impíos que no andaban rectamente ante los ojos de Dios. Por lo tanto los ancianos de Israel se reunieron con Samuel y le dijeron: "queremos que nos nombres un rey como tienen las demás naciones, porque ya tú estás anciano y tus hijos no andan rectamente ante la presencia de Dios y pervierten el derecho." Esto a Samuel no le agradó pero Dios le dijo que los obedeciera, porque los de Israel no estaban desechando a Samuel sino desechando a Dios mismo. Entonces el Señor le dio instrucciones a Samuel y le indicó a quien iba a escoger como rey. Dios escogió a un hombre joven llamado Saúl, de la tribu de Benjamín, que era una de las tribus más pequeñas de Israel. Todo esto está descrito en la Biblia así: «Al hacerse viejo, Samuel nombró caudillos de Israel a sus hijos. Su primer hijo, que se llamaba Joel, y su segundo hijo, Abías, gobernaban en Beerseba. Sin embargo, los hijos no se comportaron como su padre, sino que se volvieron ambiciosos, y se dejaron sobornar, y no obraron con justicia. Entonces se reunieron todos los ancianos de Israel y fueron a entrevistarse con

Samuel en Ramá, para decirle: «Tú ya eres un anciano, y tus hijos no se portan como tú; por lo tanto, nombra un rey que nos gobierne, como es costumbre en todas las naciones.» Samuel, disgustado porque le pedían que nombrara un rey para que los gobernara, se dirigió en oración al Señor; pero el Señor le respondió: «Atiende cualquier petición que el pueblo te haga, pues no es a ti a quien rechazan, sino a mí, para que yo no reine sobre ellos.» 1 Samuel 8:1-7 DHH. Y: «Cuando Samuel vio a Saúl, el Señor le dijo: «Ahí tienes al hombre de quien te hablé. Éste gobernará a mi pueblo.»» 1Samuel 9:17 DHH.

Al tiempo Saúl, después de haber sido nombrado rey, desobedece una de las órdenes del Señor, y Dios decide quitarlo del reinado por haberlo desobedecido. «Luego el Señor le habló a Samuel, y le dijo: —Me pesa haber hecho rey a Saúl, porque se ha apartado de mí y no ha cumplido mis órdenes.» 1 Samuel 15:10-11 DHH, y en su lugar designó que iba a reinar de ahora en adelante David. El que Dios haya quitado a Saúl no significa que lo quitó de un solo golpe del reinado, pues Saul estuvo reinando por cuarenta años en Israel, sino que le quitó los derechos de sucesión de la monarquía. En condiciones normales, el derecho de reinado le tocaba al hijo de Saúl llamado Jonatán, pero por haber desobedecido al Señor, Dios le quitó ese derecho del reinado y se los traspasó a David; de ahí en adelante la monarquía legal por derecho divino venía a través y por medio de la descendencia de David. «Entonces el Señor dijo a Samuel: —Éste es. Así que levántate y conságralo como rey. En seguida Samuel tomó el recipiente con aceite, y en presencia de sus hermanos consagró como rey al joven, que se llamaba David. A partir de aquel momento, el espíritu del Señor se apoderó de él. Después Samuel se despidió y se fue a Ramá.» 1 Samuel 16:12-13 DHH.

David reinó durante cuarenta años y aunque tuvo problemas, altas y bajas a nivel espiritual, fue un hombre que agradó a Dios, un hombre que la Biblia dice que fue conforme al corazón de Dios y el Señor se agradó siempre de la conducta del rey David, hasta el punto que le juró que su descendencia siempre estaría en el trono de Israel, siempre y cuando ellos se comportarán delante de Él como lo había hecho David.

Al final de sus días, David nombra como su sucesor al trono de Israel a su hijo Salomón, el cual también reinó durante cuarenta años sobre el pueblo de Israel. Salomón comenzó reinando muy bien delante de la presencia de Dios, incluso hizo una oración pidiéndole a Dios sabiduría para poder reinar con justicia y equidad sobre el pueblo de Israel. Esta petición le agradó tanto a Dios, que le dijo a Salomón que le iba a dar sabiduría como ningún rey la había tenido y que ninguno que viniera después de él la tendría. Salomón construyó el primer templo para el Señor. Salomón comenzó a reinar muy bien, pero ya en su vejez, comenzó a desviar su corazón , ya que amó a mujeres extranjeras y a cada una ellas, las honraba haciéndoles imágenes de los ídolos de la nación de donde ellas provenían, y esto desagradó al Señor, por lo cual Dios le dijo que le iba a dividir el reino de Israel y le levantó un adversario llamado Jeroboam. La Biblia lo explica de esta manera: «Además de la hija del faraón, el rey Salomón amó a muchas mujeres extranjeras: moabitas, amonitas, edomitas, sidonias e hititas; es decir, mujeres de las naciones con las que el Señor había prohibido a los israelitas establecer relaciones matrimoniales porque seguramente harían que sus corazones se desviaran hacia sus dioses. Pero Salomón, enamorado, se unió con ellas. Tuvo setecientas esposas de rango real y trescientas concubinas, las cuales desviaron su corazón. Cuando Salomón ya era anciano, sus mujeres hicieron que su corazón se desviara hacia otros dioses, pues no se había entregado por completo al Señor su Dios, como lo había hecho David, su padre. Salomón rindió culto a Astarté, diosa de los sidonios, y a Milcom, ídolo repugnante de los amonitas. Así pues, los hechos de Salomón fueron malos a los ojos del Señor, pues no siguió fielmente al Señor, como lo había hecho David, su padre. Por aquel tiempo, Salomón construyó, en el monte que está al oriente de Jerusalén, un santuario a Quemós, ídolo repugnante de Moab, y a Moloc, ídolo repugnante de los amonitas. Lo mismo hizo para todas sus mujeres extranjeras, las cuales ofrecían incienso y sacrificios a sus dioses. Por lo tanto, el Señor le dijo a Salomón: «Ya que te has comportado así, y no has cumplido la alianza y las leyes que te ordené, voy a quitarte el reino y a dárselo a uno de los que te sirven. Sin embargo, por consideración a David, tu padre, no lo haré mientras vivas; pero se lo quitaré a tu hijo. Aunque no le quitaré todo el reino: le dejaré una tribu, por consideración a tu padre y a Jerusalén, la ciudad que he escogido.» <También Jeroboam, hijo de Nabat, se rebeló contra el rey. Jeroboam era un funcionario de Salomón, de la ciudad de Seredá y de la tribu de Efraín. Su madre era una viuda llamada Serúa. La razón por la que Jeroboam se rebeló contra el rey fue la siguiente: Salomón estaba construyendo el terraplén y cerrando la brecha de la Ciudad de David, su padre. Por aquel entonces, un día en que Jeroboam salió de Jerusalén, se encontró en el camino con el profeta Ahías, el de Siló, que iba cubierto con una capa nueva. Los dos estaban solos en el campo, y tomando Ahías la capa nueva que llevaba puesta, la rasgó en doce pedazos y dijo a Jeroboam: «Toma para ti diez pedazos,

porque el Señor, Dios de Israel, te dice: "Voy a quitarle el reino a Salomón, y a darte a ti diez tribus. Porque Salomón me ha rechazado, y se ha puesto a adorar a Astarté, diosa de los sidonios; a Quemós, dios de los moabitas; y a Milcom, dios de los amonitas. Sus hechos no han sido buenos a mis ojos, y no ha cumplido mis leyes y decretos como lo hizo David, su padre. Sin embargo, no le quitaré todo el reino, sino que lo mantendré como gobernante mientras viva, por consideración a mi siervo David, a quien escogí, y quien cumplió mis mandamientos y mis leyes. Pero le quitaré el reino a su hijo, y te lo entregaré a ti; es decir, diez tribus. Por causa de esto, Salomón procuró matar a Jeroboam; pero Jeroboam huyó a Egipto, donde reinaba Sisac, y allí se quedó hasta la muerte de Salomón.» 1 Reyes 11:1-8, 11-13, 26-27, 29-31, 33-35, 40 DHH.

Después de morir Salomón, quien reinó durante cuarenta años, le sucedió en el trono su hijo Roboam. Fue durante el reinado de Roboam que el pueblo de Israel se dividió en dos reinos; el reino de Israel o reino del norte y el reino del sur o el reino de Judá, cumpliéndose así la palabra que Dios le había dado a Jeroboam. Diez tribus de Israel se fueron con Jeroboam y solamente dos tribus quedaron con Roboam; a saber la tribu de Judá y la tribu de Benjamín. Para saber de los pormenores de cómo ocurrió y que fue lo que desencadenó la división de Israel, es recomendable que lea 1 Reyes 12:1-23.

EL REINO DEL NORTE O DE ISRAEL.

En el reino del norte hubo veinte reyes, siendo su primer rey Jeroboam y, el período que abarcó el reinado en el Israel dividido fue de doscientos cuarenta y seis años aproximadamente. Es de hacer notar que todos los reyes de Israel hicieron lo malo ante los ojos de Dios.

El reino de Israel o reino del norte llegó a su fin cuando los Asirios tomaron a Samaria que era la capital del reino de Israel y se llevó cautiva a toda la gente pudiente, a la clase media, a los artesanos, a los guerreros, y dejaron solamente a la gente pobre. Ahora una estrategia de los Asirios era que cuando ellos invadían un país, se llevaban a la gente de dicho lugar y poblaban nuevamente ese país con gente extranjera, para así anular todo nacionalismo, todo patriotismo y por consiguiente evitar cualquier rebelión en contra de los de Asiria. La Biblia lo narra de esta manera: «Así los de Israel cometieron los mismos pecados que había cometido Jeroboam, y no los abandonaron. Finalmente el Señor apartó de su presencia a Israel, como lo había anunciado por medio de todos los profetas, sus siervos, y así los de Israel fueron llevados cautivos a Asiria, donde están hasta el día de hoy. > 2 Reyes17:22-23 DHH.

De hecho fue por eso que comenzó o desde ahí comenzó la enemistad de los de Judá con los de Samaria, porque los de Judá decían que los de Samaria no eran verdaderos israelitas, porque ellos habían sido traídos de otros países y que ellos no eran israelitas puros, por eso los descendientes de Judá no reconocían a los descendientes de estas personas traídas por los Asirios a Samaria como verdaderos israelitas y no los dejaban participar en nada que estuviera relacionado con su religión y adoración a Dios. La Biblia narra que cuando los de Judá estaban reedificando el templo en el tiempo de Zorobabel, los samaritanos quisieron colaborar y los de Judá no se lo permitieron. La Biblia describe lo que estaba pasando de esta forma: «El rey de Asiria llevó gente de Babilonia, Cuta, Avá, Hamat y Sefarvaim, y la estableció en las ciudades de Samaria, en lugar de los israelitas. Así tomaron posesión de Samaria y vivieron en sus ciudades. Pero como esta gente no rendía culto al Señor, cuando comenzaron a establecerse el Señor les mandó leones, los cuales mataron a algunos de ellos. Fueron entonces a decirle al rey de Asiria: «La gente que has llevado a las ciudades de Samaria para que se establezca allí, no conoce la religión del dios de ese país y, por no conocerla, él les ha mandado leones, que los están matando.» Así pues, el rey de Asiria ordenó: «Envíen alguno de los sacerdotes que trajeron cautivos, para que vaya a vivir allí y les enseñe la religión del dios del país.» Entonces uno de los sacerdotes que ellos habían desterrado de Samaria fue y se estableció en Betel, y les enseñó a rendir culto al Señor. Pero cada nación se hizo su propio dios en la ciudad donde habitaba, y lo puso en los santuarios de los lugares altos que habían construido los samaritanos. Los de Babilonia hicieron una representación de Sucot-benot; los de Cuta, una de Nergal, y los de Hamat, una de Asimá. Los de Avá hicieron un Nibhaz y un Tartac, y los de Sefarvaim quemaban a sus hijos en el fuego como sacrificio a Adramélec y a Anamélec, sus dioses. Además rendían culto al Señor, pero nombraron sacerdotes de entre ellos mismos para que prestaran servicio en los santuarios paganos. Así que, aunque rendían culto al Señor, seguían adorando a sus propios dioses, según la costumbre de las naciones de donde habían sido desterrados.» 2 Reyes 17:24-33 DHH. También es bueno leer Esdras 4:1-3. Esta pelea siguió en el tiempo, ya que aún en tiempos del Nuevo Testamento había diferencia entre los judíos y los samaritanos, de hecho, Juan capítulo cuatro narra que aún había diferencia. Por eso el Señor Jesús dijo ya terminando su ministerio terrenal, "y me seréis testigo en Jerusalén, Judea, Samaria y hasta lo último de la tierra", dando entender que con el sacrificio que Él hizo en la cruz del calvario, se acababa la enemistad y ahora existía un solo pueblo. Un pueblo que adoraba a Dios aceptando a Jesucristo como su salvador personal. El Señor Jesús no dejó por fuera a los de Samaria y por eso la nombró, dando a entender que aun a los samaritanos debían de predicarles las buenas noticias de salvación.

Una vez que el reino del norte de Israel fue llevado cautivo por los Asirios, quedó sentenciado a su desaparición como un reino independiente.

REYES DE ISRAEL (REINO DEL NORTE)

N°	REY	AÑOS DE REINADO	CITA BIBLICA
1	Jerobcan I	22	*1 Re 11, 26-14, 20*
2	Nadab	2	*1 Re 15, 25-28*
3	Basá	24	*1 Re 15, 27-16, 7*
4	Elá	2	*1 Re 16, 6-14*
5	Zimri	7días	*1 Re 16, 9-20*
6	(Tibnf)	5	*1 Re 16, 21-22*
7	Omrí	12	*1 Re 16, 23-28*
8	Ajab	22	*1 Re 16, 28-22, 40*
9	Ocozía	2	*1 Re 22, 40-2 Re 1,18*
10	Joram	12	*2 Re 3, 1-9, 25*
11	Jehú	28	*2 Re 9, 1-10, 36*
12	Joacaz	17	*2 Re 13, 1-9*
13	Joás	16	*2 Re 13, 10-14, 16*
14	Jeroboam II	41	*2 Re 14, 23-29*
15	Zacarías	6 meses	*2 Re 14, 29-15, 12*
16	Selum	1 mes	*2 Re 15, 10-15*
17	Menajem	10	*2 Re 15, 15-22*
18	Pecajías	2	*2 Re 15, 22-26*
19	Pecaj	20	*2 Re 15, 27-31*
20	Oseas	9	*2 Re 15, 30-17*

Cuadro cronológico Ada Silvera

EL REINO DEL SUR O DE JUDÁ.

El reino del sur o de Judá duró aproximadamente trescientos noventa y cuatro años y hubo en total veinte reyes. Siendo su primer rey Roboam, el hijo de Salomón, por consiguiente nieto del rey David. En este reino hubo unos reyes buenos y otros malos, pero es de hacer notar que todos pertenecían a la misma dinastía, o sea cada nuevo rey era descendiente del anterior o tenía parentesco con él, y esto venía de parte de Dios para que se mantuviera la promesa que el Señor iba a levantar a Jesús como rey de la descendencia de David. En cambio en el caso de los reyes del norte de Israel existieron nueve dinastías, ya que hasta golpes de estado hubo para alzarse con el reino.

Como ya se especificó anteriormente Asiria se llevó cautivo a Israel y con esto desapareció el reino del norte, pero pasado el tiempo se levantó otro imperio que fue el imperio babilonio, que conquistó el reino de Judá y se los llevaron cautivos a Babilonia, donde estuvieron alrededor de setenta años cautivos allá. La Biblia lo relata de la siguiente manera: «El día siete del mes quinto del año diecinueve del reinado de Nabucodonosor, rey de Babilonia, Nebuzaradán, oficial del rey y comandante de la guardia real, llegó a Jerusalén e incendió el templo, el palacio real y todas las casas de la ciudad, especialmente las casas de todos los personajes notables, y el ejército caldeo que lo acompañaba derribó las murallas que rodeaban Jerusalén. Luego Nebuzaradán llevó desterrados a Babilonia tanto a los que aún quedaban en la ciudad como a los que se habían puesto del lado del rey de Babilonia, y al resto de los artesanos. Sólo dejó a algunos de entre la gente más pobre, para que cultivaran los viñedos y los campos.» 2 Reyes 25:8-12 DHH.

REYES DE JUDÁ (REINO DEL SUR)

N°	REY	AÑOS DE REINADO	CITA BIBLICA
1	Roboam	17	*1 Re 11, 42-14, 31*
2	Abías	3	*1 Re 14, 31-15, 8*
3	Asá	41	*1 Re 15, 8-24*
4	Josafat	25	*1 Re 22, 41-55*
5	Joram	8	*2 Re 8, 16-24*
6	Ocozías	1	*2 Re 8, 24 -9, 29*
7	Atalía	7	*2 Re 11, 1-20*
8	Joás	40	*2 Re 11, 1-12, 21*
9	Amasías	29	*2 Re 14, 1-20*
10	Ozias	52	*2 Re 15, 1-7*
11	Jotam	16	*2 Re 15, 32-38*
12	Ajaz	16	*2 Re 16, 1-20*
13	Ezequias	29	*2 Re 18, 1-20, 21*
14	Manasés	55	*2 Re 21, 1-18*
15	Amón	2	*2 Re 21, 19-26*
16	Josías	31	*2 Re 22, 1-23, 30*
17	Joacaz	3 meses	*2 Re 23, 31-33*
18	Joakim	11	*2 Re 23, 34-24, 5*
19	Joaquín	3 meses	*2 Re 24, 6-16*
20	Sedecías	11	*2 Re 24, 17-25, 30*

Cuadro cronológico Ada Silvera

Luego del imperio babilonio, se levantó el imperio Medo -Persa, es decir, se unieron los medos y los persas y formaron un imperio y al frente de este estaba un hombre llamado Ciro, el cual venció al imperio de Babilonia y le dio la libertad a los judíos para que volvieran a su tierra natal, o sea, a los descendientes de las personas y los sobrevivientes que se había llevado Babilonia como esclavos. Con el tiempo ellos regresaron y fue cuando empezaron nuevamente a reconstruir a Israel y el templo, pero ya no eran un país fuerte y poderoso, sino unas provincias gobernadas por el imperio Medo-Persa. De esta forma lo narra la Biblia: «En el primer año del reinado de Ciro, rey de Persia, y para que se cumpliera la palabra del Señor anunciada por Jeremías, el Señor impulsó a Ciro a que en todo su reino promulgara, de palabra y por escrito, este decreto: «Ciro, rey de Persia, declara lo siguiente: El Señor, Dios de los cielos, ha puesto en mis manos todos los reinos de la tierra, y me ha encargado que le construya un templo en Jerusalén, que está en la región de Judá. Así que, a cualquiera de ustedes que pertenezca al pueblo del Señor, que Dios lo ayude, y vaya a Jerusalén, que está en Judá, a construir el templo del Señor, el Dios de Israel, que es el Dios que habita en Jerusalén. Y a cualquiera de los sobrevivientes que emigre del lugar donde ahora vive, que le ayuden sus vecinos con plata, oro, bienes y ganado, además de donativos para el templo de Dios en Jerusalén.»» Esdras1:1-4 DHH.

Luego, después del imperio Medo- Persa, se levantó el imperio Griego, teniendo al frente al famoso Alejandro el grande o Alejandro Magno, entonces Israel o lo que quedaba de Israel, pasó a ser gobernado por el imperio de Grecia. Uno de los aporte de este imperio fue el idioma griego, ya que a todos los pueblos que conquistaba, les imponían su cultura y lenguaje. Y en casi la totalidad de la extensión del imperio de Grecia, se hablaba el griego. Y aún una vez desaparecido este imperio, su idioma prevaleció por muchos años en los países conquistados por dicho imperio.

Luego, por último y no menos importante, se levantó después del imperio Griego el imperio Romano, que fue uno de los imperios que más se extendió por el mundo, y el cual pasó ahora a gobernar a Israel o las provincias que quedaban de este. Es bajo el imperio Romano que se desarrolla la vida y ministerio del Señor Jesús.

NOTA: Ninguno de estos cuatro imperios tomó por sorpresa a Dios, pues fue Él el que ya lo había avisado que estos imperios vendrían, cuando le dio el sueño a Nabucodonosor, que solamente Daniel pudo interpretar. Leer Daniel 2:30-40 y Daniel 7: 1-8.

CAPÍTULO 8

ANUNCIO DEL REINO DE LOS CIELOS.

Ya hemos visto el por qué desapareció el reino del norte o de Israel y luego el reino del sur o de Judá y entramos entonces en lo que se conoce como el Nuevo Testamento, vamos a ver la historia como se desarrolla en esta nueva etapa de Israel. Israel aparece en el Nuevo Testamento conformado ahora por varias provincias, y cuyos nombres a saber eran: Galilea, Samaria, Judea, Iturea, Decapolis y Perea. Están bajo el gobierno y autoridad del imperio romano, el cual nombraba las autoridades locales de acuerdo a sus intereses y conveniencia.

Comenzaremos diciendo que en esta nueva etapa de Israel, lo que lo unía era la religión y el templo de Jerusalén, ya que gobierno como tal no tenía, ni tampoco existían los caudillos o jueces, ni tenían autoridad o autonomía para nombrar a sus representantes civiles, sino que todo era gobernado, mandado y dispuesto por el imperio romano. Así que lo que unía a Israel solamente era su fe y el templo. Por esta razón vamos a explicar todo lo relacionado con el templo para entender parte de lo narrado en el Nuevo Testamento. En toda la historia de Israel hubo tres templos; el primer templo fue el que construyó Salomón, este fue un templo grande, hermoso, majestuoso, una belleza de construcción para aquel tiempo. Salomón tardó siete años en construirlo. (1 Reyes 6:38). Este templo fue destruido por los de Babilonia cuando invadieron el reino del sur y se llevaron a la gente cautiva. El segundo templo fue construido por los judíos cuando regresaron de la deportación de Babilonia. Dios les dijo por medio del profeta Hageo al pueblo de Israel que era tiempo de que construyeran el nuevo templo para Dios y así lo hicieron. Este fue el templo que Antioco IV Epifanes contaminó ofreciendo una cerda en el altar, y luego quedó semi destruido y que los macabeos repararon y dedicaron al Señor, dando inicio a la fiesta de la dedicación, de la cual ya hablamos. El tercer templo prácticamente fue la reconstrucción de este segundo templo por parte de Herodes el grande, y este era el templo existente en el tiempo de la vida terrenal del Señor Jesús. Su construcción duró cuarenta y seis años. (Juan 2:20). El templo era el orgullo de las provincias que conformaban a Israel. En una oportunidad le dijeron a Jesús que mirara las piedras y los edificios del templo, (Mateo 24: 1-2), a lo que el Señor contestó que no quedaría piedra sobre piedra que no fuera derribada. Este tercer y último templo fue destruido por el imperio romano en el año 70 aproximadamente de nuestra era, ya que los de Jerusalén se sublevaron contra el imperio romano y éste mandó al general Tito para que atacara y sofocara la rebelión. Una vez que los judíos se vieron sobrepasados por el ejército romano, se refugiaron en el templo y, el general Tito mandó que le pegaran fuego al templo y este fue destruido por dicho fuego. Todos los que estaban en el interior del templo murieron y por el efecto del calor, el oro que recubría las paredes del templo se derritió, y se coló entre las hendiduras de las piedras; y para rescatar el oro, mandaron a desmontar piedra por piedra y así se cumplió lo dicho por el Señor Jesús, que no quedaría piedra sobre piedra que no fuese derribada.

REMEMORANDO.

Recordemos porqué fue que Dios creó el mundo, habíamos dicho que Dios es amor y que una de las característica del amor es compartir, y por lo tanto Dios quiso compartir su amor y su reino con el hombre, por eso los creó en el principio a su imagen y semejanza, al fallar Adán y Eva, Dios que ya sabía de antemano lo que ocurriría con ellos, siguió adelante formando al pueblo de Israel para que continuara el plan divino de compartir su reino y su amor, al fallar Israel como ya hemos visto, Dios que sabía también cual iba a ser el desenlace de Israel, siguió adelante con su idea original, pero esta vez lo canalizó todo, por decirlo así, por medio del Señor Jesucristo, quien vino e hizo la completa voluntad de Dios. Y por medio de Jesucristo ahora todos podemos compartir el amor y el reino del Señor. Por eso vemos que cuando Juan el Bautista comenzó a predicar, lo que decía era : "arrepentíos por que el reino de los cielos se ha acercado." Mateo 3:1-2. Y lo mismo dijo el Señor Jesús al comenzar su ministerio terrenal: "arrepentíos por que el reino de los cielos se ha acercado." Mateo 4:12 y 17. Cuando el Señor Jesús envió a sus discípulos a predicar les dijo que repitieran lo mismo: "arrepentíos por que el reino de los cielos se ha acercado." Mateo 10:5, 7.

Lo que Dios había acercado a Adán y a Eva al decirles gobiernen y sojuzguen al mundo, y que se alejó cuando ellos pecaron, el Señor lo acercó ahora nuevamente por medio de Jesucristo. En una oportunidad Jesucristo no sólo dijo que el reino de los cielos se ha acercado, sino que dijo que el reino de los cielos ya está entre ustedes. Lucas 17:20-21. Es decir ya Jesucristo daba por cumplido que el plan original de Dios, de compartir su amor y su reino con nosotros para reinar juntamente con Cristo, ya era una realidad. Por eso en la oración del padre nuestro, en una parte de la oración dice: venga tu reino. En otra parte de la Biblia dice así: «Mas buscad primeramente el reino de Dios y su justicia,...» Mateo 6:33 RVR1960.

Si quisiéramos resumir en pocas palabras lo que la Biblia narra, podríamos resumirlo de esta manera: que Dios como es amor y una cualidad del amor es que comparte, quiso compartir su amor con nosotros y por eso creó el mundo y luego introdujo al hombre en él, para darle toda la autoridad y gobierno de su reinado y que como el hombre pecó desobedeciendo al Señor, el reino de los cielos les fue quitado, mas Dios insistió en compartir su amor y reino, y por eso al tiempo indicado envió a Jesucristo, el cual cumplió toda la voluntad de Dios, acercando el reino de los cielos y ahora nosotros estamos viviendo en el reino de Dios.

CAPÍTULO 9

EL REINO DE LOS CIELOS O REINO DE DIOS.

A claremos entonces o hablemos acerca del reino de los cielos. El reino de los cielos es lo mismo que decir el reino de Dios. El cual consiste en que el reinado de Dios, la autoridad de Dios, que radica en los cielos, Dios la trajo, la acercó al mundo, para que nosotros sus hijos, los que hemos aceptado a Jesucristo como nuestro Señor, tengamos la autoridad de manifestar el poder del reino de Dios acá en la tierra. Es tan importante esto del reino de los cielos que cuando Juan el Bautista comenzó a predicar dijo:" arrepentíos porque el reino de los cielos se ha acercado", el señor Jesucristo también cuando comenzó a predicar decía lo mismo:" arrepentíos porque el reino de los cielos se ha acercado", y cuando envió a sus discípulos le dijo que dijeran "arrepentíos porque el reino de los cielos se ha acercado". Inclusive cuando Jesucristo resucitó dice la biblia en el libro de Hechos, capítulo uno a partir del verso tres que Jesucristo se le apareció durante 40 días a los apóstoles y les habló acerca del reino de Dios. Así que es bueno poner mucha atención en saber en qué consiste el reino de Dios acá en la tierra.

Primero veamos el significado de la palabra arrepentíos. Arrepentirse es una palabra griega que significa cambio de mentalidad, es decir cambiar la forma de pensar, también significa cambio de dirección, o sea, vas en dirección equivocada, cambia la dirección. En otras palabras vas en la dirección errada, cambia tu forma de pensar para que te encuentres con Dios y te vuelvas a Él.

El plan original de Dios fue de extender el reino de los cielos al mundo, donde el hombre lo gobernaría con la ayuda del Espíritu Santo. Por eso fue que cuando Dios creó a Adán le dio poder, dominio y autoridad para gobernar al mundo. Al desobedecer, Adán transfirió ese poder y dominio a Satanás. (Leer Lucas 4:5.)

Dios siempre quiso establecer su reino en la tierra, no una religión. Lo que Dios tenía con Adán antes de pecar era una relación no religión. Dios quería influenciar en la tierra desde el cielo a través del hombre. (Génesis 3:8.) El doctor Myles Munroe lo explica acertadamente de esta manera: " Al pecar Adán y Eva, se rompió la relación, Satanás tomó lo que era de Adán y momentáneamente el plan de Dios de traer su reino a la tierra se detuvo."

La idea inicial de Dios era que el hombre viviera en la tierra como Él vive en los cielos.¿Y como vive Dios en los cielos? En abundancia, victorioso, gobernando todo, como rey. Y esa era y sigue siendo la idea de Dios para con el hombre. Que este tenga autoridad para gobernar al mundo y, a la vez como sacerdotes para adorarlo y representarle a Él.

Recapitulemos rápidamente: Dios le dio la autoridad y dominio a Adán y a Eva, mas al pecar estos, desobedeciendo, les fue quitado el reino de los cielos. Satanás se aprovechó y tomó control de todo lo que le habían dado al hombre. El Señor se mantiene con la idea de dar dominio y autoridad al hombre y a su tiempo, de un hombre llamado Abraham, crea un pueblo para sí, llamado Israel y le hace la misma oferta, diciéndoles: «Así que, si ustedes me obedecen en todo y cumplen mi alianza, serán mi pueblo preferido entre todos los pueblos, pues toda la tierra me pertenece. Ustedes me serán un reino de sacerdotes, un pueblo consagrado a mí." Diles todo esto a los israelitas.» Éxodo 19:5-6 DHH, mas estos también pecaron y hasta ahí llegó la oferta. Luego Dios sigue con la misma idea, nunca cambió de plan y por eso envió a Jesucristo en semejanza de hombre y este sí no pecó y él pudo manifestar el reino de los cielos acá en la tierra. Alguien podrá preguntar pero ¿como es que se manifiesta el reino de los cielos acá en la tierra? Respuesta: Jesucristo lo manifestó de la siguiente manera:

1.-Caminó sobre las aguas.

2.-Reprendió al viento y al mar, y estos le obedecieron.

3.-Convirtió agua en vino.

4.-Multiplicó peces y panes.

5.-Maldijo la higuera y esta en un día se secó.

6.-Nunca se enfermó mas sanaba a los enfermos.

7.-Echaba fuera los demonios.

8.-Resucitó personas.

Y todo esto lo pudo hacer por que nunca pecó y mantuvo a diario una comunión con Dios. Por eso es que Dios con el hombre no está interesado en imponerle una religión ni ponerle cargas ni yugos, sino solamente está interesado en que el hombre mantenga una comunión con Él, que se aparte del pecado, que se arrepienta para que empiece a manifestarse el reino de los cielos por medio de él acá en la tierra, es decir, toda la autoridad que Dios desde un principio quiso compartir con el ser humano.

Para que tenga una idea de lo que se perdió cuando el hombre pecó, solamente le voy a nombrar dos aspectos, los cuales lo refiere la Biblia. La primera es que había una comunión con Dios a tal punto, que dice la biblia en el libro de Génesis capítulo tres, verso ocho, que Dios mismo bajaba del cielo a pasearse en medio del huerto para tener una conversación, una comunión, una intimidad con Adán y Eva. Y segundo, era tan grande la autoridad, el poder que Dios les había dado, que estos podían hablar con los animales, es decir, se podían entender con ellos; pues así se da a entender en el pasaje cuando Eva habló con la serpiente. Se ve que para ella era algo normal, algo común hablar con los animales. (Génesis 3:1-5.)

Ahora la Biblia dice muy claro que la autoridad y el dominio que Dios le dio al hombre fue para gobernar al mundo, es decir a la creación, a la naturaleza, a los animales, a los elementos atmosféricos; nunca para dominar a ningún otro hombre. Por eso la reacción de un hombre cuando alguien quiere dominarlo y subyugarlo, es buscar liberarse, de rebelarse, de no estar de acuerdo. La autoridad dada, repito, fue para gobernar al mundo. Por eso cuando Jesucristo vino anunciado que el reino de los cielos se había acercado, y muere por toda la humanidad, Dios acepta este sacrificio y libera al mundo de la condenación y lo restaura a la posición inicial cuando Adán y Eva antes de pecar. Por eso dice la Biblia en el libro de Apocalipsis: «Y cantaban este canto nuevo: «Tú eres digno de tomar el rollo y de romper sus sellos, porque fuiste sacrificado; y derramando tu sangre redimiste para

Dios gentes de toda raza, lengua, pueblo y nación. De ellos hiciste un reino, hiciste sacerdotes para nuestro Dios, y reinarán sobre la tierra.» (Apocalipsis 5:9-10 DHH).

La cita anterior dice que seremos sacerdotes de Dios y reinaremos sobre la tierra. Reinar indica autoridad, gobierno, dominio pero para ejercerlo aquí en la tierra sobre toda la creación, y sacerdote para adorar a Dios, para presentarle alabanzas, glorificarlo y reconocerlo como Dios grande, único, poderoso y digno de admiración. Y todo esto solo por el sacrificio de Jesús en la cruz del calvario.

CAPÍTULO 10

REINO DE LOS CIELOS
EN EL ANTIGUO Y NUEVO TESTAMENTO.

Aunque Adán y Eva pecaron y como consecuencia el reino de los cielos se alejó, Dios nunca se quedó sin testimonio, y vemos en partes del Antiguo Testamento donde se manifestó el reino de los cielos. Ejemplos:

1.- Cuando la burra le habló al profeta Balaam.

2.- Cuando el profeta Eliseo hizo flotar el hierro de un hacha que había caído a un río, es imposible que el hierro flote pero en el reino de los cielos todo es posible.

3.- La multiplicación de veinte panes por parte del profeta Eliseo para que comieran cien hombres, y todos quedaron saciados.

4.-Cuando Josué oró para que el sol y la luna no se movieran de un determinado lugar. (Ahora sabemos que la que se mueve es la tierra, pero para aquel entonces, Josué no lo sabía y él veía lo que usted y yo vemos a diario, que aparentemente el sol y la luna son los que se mueven y por eso los mandó a detener).

5.- La multiplicación del aceite de una viuda, cuando el profeta Eliseo le preguntó que tenía en su casa.

6.- Cuando Moisés oró y el mar rojo se partió en dos y los israelitas lo cruzaron en seco.

7.- Cuando las aguas del río Jordán se detuvieron aguas arriba para que los israelitas lo cruzaran y entraran a la tierra prometida.

8.- Cuando el profeta Eliseo resucitó a un niño.

9.- Cuando echaron a Sadrac, Mesac y Abed Nego al horno de fuego y no se quemaron.

10.-Cuando echaron a Daniel a un foso de leones hambrientos y estos no se lo comieron.

11.- Cuando el profeta Isaías hizo retroceder la luz solar en diez grados.

12.- Cuando el profeta Jonás estuvo tres días en el vientre de un gran pez y no murió.

13.- Cuando el profeta Elías hizo descender fuego del cielo en tres oportunidades.

14.- Cuando Sara concibió a Isaac siendo estéril, anciana y ya sin menstruación.

Éstos son sólo algunos ejemplos del reino de los cielos en el Antiguo Testamento, ya que como sabemos Dios nunca se quedó sin testimonio, pues el plan original del Señor era traer el reino de los cielos acá a la tierra. Recuerde que Dios es amor y una de las características del amor es el compartir , y como ya hemos dicho, Dios quiso compartir su amor y por eso creó al hombre, lo puso en el mundo, y le dio autoridad y dominio sobre la creación, para que así como Dios gobierna en los cielos, el hombre gobernara la tierra.

En el Nuevo Testamento también hay unos casos que evidencian sobre el reino de los cielos, lo vemos con lo que ya hemos hablado anteriormente de lo que hizo el Señor Jesús, que reprendió al mar y el viento y estos le obedecieron, cuando multiplicó los panes y los peces, cuando convirtió el agua en vino, cuando echó fuera demonios, cuando resucitó muertos, etc. Pero también vemos que con la sombra de Pedro se sanaban los enfermos, cuando a Pablo lo mordió una serpiente venenosa y él se la sacudió de su mano, ya que la serpiente se le había quedado prendida en la mano, y la gente estaba esperando que se muriera y sin embargo a Pablo no le pasó nada.

Vemos pues que el reino de los cielos estuvo presente en determinadas ocasiones tanto en el Antiguo Testamento, como en el Nuevo Testamento. Y por lo que vemos, en el reino de los cielos no hay necesidad, no hay pobreza, no hay escasez, no hay enfermedad, e incluso voy más allá, no hay distancia que no se pueda recorrer. Por ejemplo tenemos el caso de una manifestación del reino de los cielos tanto en el Antiguo Testamento como en el Nuevo Testamento en relación a recorrer distancias. En el primer caso, fue el del profeta Elías cuando dice la escritura en el primer libro de Reyes, capítulo dieciocho, que Elías corrió treinta kilómetros, es decir unas veinte millas y llegó primero que el rey Acab desde la cumbre del monte Carmelo a Jezreel, y eso que el rey Acab había salido primero que Elías en su carro. El pasaje bíblico dice que Elías llegó primero porque Dios le dio fuerzas para correr más rápido que el carro del rey Acab. En el Nuevo Testamento encontramos en el libro de los Hechos de los Apóstoles, en el capítulo ocho, la historia de Felipe y el funcionario etíope, donde se narra que luego de que Felipe bautizara al etíope, el Espíritu del

Señor se llevó a Felipe y este apareció en Azoto, es decir a treinta y cinco kilómetros, unas veintidós millas, del lugar de donde estaba con el etíope.

Por lo visto anteriormente en el reino de los cielos todo es posible, ya que eso es lo que dice la Biblia: «Porque el reino de Dios no es cuestión de palabras, sino de poder.» 1 Corintios 4:20 DHH.

Tan importante es para Dios que nosotros entendamos la importancia del reino de los cielos que la palabra reino en el Nuevo Testamento aparece ciento diez veces y solamente en el evangelio de Mateo aparece cincuenta y tres veces, es decir casi la mitad de las veces que aparece la palabra reino en el Nuevo Testamento. Cuando Jesucristo decía de cierto de cierto os digo, lo que daba a entender es que pusieran mucha atención a lo que iba a decir; ¡cuanto más ahora!, que la palabra reino aparece ciento diez veces veces en el Nuevo Testamento y cincuenta y tres veces en el evangelio según San Mateo. Repito debemos ponerle atención a esto del reino de los cielos porque de su comprensión dependen nuestras bendiciones.

CAPÍTULO 11

BUSCANDO El REINO DE LOS CIELOS.

《《 Así que no se preocupen, preguntándose: "¿Qué vamos a comer?" o "¿Qué vamos a beber?" o "¿Con qué vamos a vestirnos?" Todas estas cosas son las que preocupan a los paganos, pero ustedes tienen un Padre celestial que ya sabe que las necesitan. Por lo tanto, pongan toda su atención en el reino de los cielos y en hacer lo que es justo ante Dios, y recibirán también todas estas cosas. San Mateo 6:31-33DHH.

Todo lo que necesitamos para vivir y tener cubiertas nuestras necesidades básicas está en el reino de los cielos.

Ahora ¿qué es poner toda nuestra atención en el reino de los cielos? o ¿qué es buscar el reino de los cielos? ¿En qué consiste? ¿Cómo se puede hacer eso? La respuesta es una sola: es obedecer todas las ordenanzas de la palabra de Dios, es poner por obra todo lo que Dios dijo que deberíamos hacer, es hacer su voluntad; en resumen, para que se manifieste la bendición de Dios en nuestras vidas, la producción, la abundancia, la sanidad, la protección, el cuidado, el auxilio, el abrigo y su ayuda debemos poner atención a todo lo que Dios dice en su palabra para obedecerla. Veamos lo que dice la Biblia en el Antiguo Testamento, en el libro de Deuteronomio capítulo veintiocho a partir del verso uno al trece, ahí podemos ver el resultado de la manifestación de la bendición de Dios en nuestras vidas, cubriendo todas nuestras necesidades y, aún quedando para bendecir a los que todavía no han entendido ni están buscando el reino de los cielos.

La palabra dice así: « Si de veras obedeces al Señor tu Dios, y pones en práctica todos sus mandamientos que yo te ordeno hoy, entonces el Señor te pondrá por encima de todos los pueblos de la tierra. Además, todas estas bendiciones vendrán sobre ti y te alcanzarán por haber obedecido al Señor tu Dios. Serás bendito en la ciudad y en el campo. Serán benditos tus hijos y tus cosechas, y las crías de tus vacas, de tus ovejas y de todos tus animales. Serán benditos tu cesta y el lugar donde amasas la harina, y tú serás bendito en todo lo que hagas.»El Señor pondrá en tus manos a tus enemigos cuando te ataquen. Avanzarán contra ti en formación ordenada, pero huirán de ti en completo desorden.»El Señor enviará su bendición sobre tus graneros y sobre todo lo que hagas, y te hará vivir feliz en el país que va a darte.»Si cumples sus mandamientos y sigues sus caminos, el Señor tu Dios te mantendrá como pueblo consagrado a él, tal como te lo ha jurado. Entonces todos los pueblos de la tierra verán que sobre ti se invoca el nombre del Señor, y te tendrán miedo. El Señor te mostrará su bondad dándote muchos hijos, muchas crías de tus ganados y abundantes cosechas en la tierra que a tus antepasados juró que te daría. Y te abrirá su rico tesoro, que es el cielo, para darle a tu tierra la lluvia que necesite; y hará prosperar todo tu trabajo. Podrás prestar a muchas naciones, pero tú no tendrás que pedir prestado a nadie. El Señor te pondrá en el primer lugar, y no en el último; siempre estarás por encima de los demás, y nunca por debajo, con tal de que atiendas a los mandamientos del Señor tu Dios, que yo te ordeno hoy, y los pongas en práctica. Deuteronomio 28:1-13 DHH.

En el Nuevo Testamento lo vemos cuando al Señor Jesús le fueron a cobrar el impuesto del templo y él le dijo a Pedro: "anda al mar y el primer pez que saques, adentro tiene una moneda que alcanza para pagar el impuesto tuyo y el mío". Fíjese que le estaban cobrando el impuesto era al Señor Jesús, pero como en el reino de los cielos hay para todos, el milagro alcanzó para pagar el impuesto del Señor y el de Pedro. También vemos cuando la multiplicación de los panes y de los peces, hubo una abundancia que alcanzó para todos. Enseñanza en el reino de los cielos no hay escasez.

¿Por qué muchos no disfrutan de las bendiciones del reino de los cielos, aunque son creyentes sinceros? Respuesta: por no entender que las bendiciones del reino de los cielos son para acá y ahora en esta vida y que seguirán en la eternidad. Veamos lo que dice la Biblia acerca del reino de los cielos en la parábola del sembrador. «»Escuchen, pues, lo que quiere decir la parábola del sembrador: Los que oyen el mensaje del reino y no lo entienden, son como la semilla que cayó en el camino; viene el maligno y les quita el mensaje sembrado en su corazón. La semilla que cayó entre las piedras representa a los que oyen el mensaje y lo reciben con gusto, pero como no tienen suficiente raíz, no se mantienen firmes; cuando por causa del mensaje sufren pruebas o persecución, fallan. La semilla sembrada entre espinos representa a los que oyen el mensaje, pero los negocios de esta vida les preocupan demasiado y el amor por las riquezas los engaña. Todo esto ahoga el mensaje y no lo deja dar fruto en ellos. Pero la semilla sembrada en buena tierra representa a los que oyen el mensaje y lo entienden y dan una buena cosecha, como las espigas que dieron cien, sesenta o treinta granos por semilla.»»San Mateo 13:18-23 DHH.

Los que dan frutos son los que entienden. En una oportunidad el Señor Jesús tuvo que abrirles el entendimiento a los discípulos para que entendieran las Escrituras. "Entonces les abrió el entendimiento, para que comprendiesen las Escrituras." Lucas 4:45 RVR1960.

Como dije anteriormente, lo qué hay que entender es que el reino de los cielos es para acá y ahora, y por lo tanto decidirnos a buscarlo para disfrutar de los beneficios del mismo. De tan importancia es el entender la enseñanza que el reino de los cielos es acá y ahora, que de todas las parábolas del Señor Jesús, diez de ellas comienzan diciendo: el reino de los cielos es semejante a... Dichas parábolas son:

1.- La parábola del trigo y la cizaña.

2.- La parábola de la semilla de mostaza.

3.- La parábola de la levadura.

4.- La parábola del tesoro escondido.

5.- La parábola de la perla de gran precio.

6.- La parábola de la red.

7.- La parábola de la fiesta de bodas.

8.- La parábola de las diez vírgenes.

9.- La parábola de los talentos.

10.- La parábola del crecimiento de la semilla.

Lo principal entonces es buscar entender lo que dice Dios en su palabra acerca del reino de los cielos, para lo cual debemos orar al Señor pidiéndole entendimiento: "Entonces hizo que entendieran las Escrituras," San Lucas 24:45 DHH.

Cierro este capítulo con la siguiente cita bíblica para su consideración: "Los fariseos le preguntaron a Jesús cuándo había de llegar el reino de Dios, y él les contestó: —La venida del reino de Dios no es algo que todo el mundo pueda ver. No se va a decir: "Aquí está", o "Allí está"; porque el reino de Dios ya está entre ustedes." Lucas 17:20-21 DHH.

CAPÍTULO 12

El REINO DE LOS CIELOS YA ESTÁ PRESENTE.

Terminé el capítulo 11 con la cita de Lucas 17:21 donde dice el Señor Jesús que "el reino de los cielos ya está entre ustedes". Así que vamos a poner atención a sus palabras, es decir, no es en el futuro, no es una esperanza, es una realidad que el reino de los cielos ya está entre nosotros. Por lo tanto debe verse la manifestación del mismo como lo enseñó Jesucristo. En el reino de los cielos no hay nada imposible de realizar. El angel Gabriel le dijo a María: "para Dios no hay nada imposible". Lucas 1:37. Y el Señor Jesús dijo: "para el que cree todo le es posible". Marcos 9:23. Esto nos da a entender que toda manifestación del reino de los cielos comienza por creer; y para creer tenemos que usar la fe. La Biblia dice que "la fe es la certeza de lo que se espera, la convicción de lo que no se ve". Hebreos 11:1. Si esto es así , veamos pues cómo podemos nosotros desarrollar o tener fe. La Biblia dice que la fe es por el oír y el oír, por la palabra de Dios. Romanos 10:17 RVR. Jesucristo lo enseñó de esta manera: "-El que me ama, hace caso de mi palabra; y mi Padre lo amará, y mi Padre y yo vendremos a vivir con él." Juan 14:23 DHH. En otras palabras lo que Jesús quiso decir es que cuando se obedece su palabra, nos aseguramos la presencia de Dios en nuestras vidas y como resultado, los milagros comienzan a ocurrir en y a favor de nosotros.

Ese fue el secreto del éxito del Señor Jesús, ya que él siempre se basó en lo que estaba escrito. Por ejemplo, cuando Satanás lo tentó tres veces, Jesús tres veces le respondió: "escrito está, escrito está, escrito está". También vemos que en el vocabulario de Jesús, siempre existió la expresión "oíste que fue dicho", y "para que se cumpliera la escritura". ¿Se da cuenta de que Jesús siempre tenía en su vocabulario lo que Dios ya había dicho?, y caminaba basado en ello, y por lo tanto ocurrían siempre milagros a través y por medio de él en favor de terceras personas. Eso es lo que quiere decir Mateo cuando dice: "Por lo tanto, pongan toda su atención en el reino de los cielos y en hacer lo que es justo ante Dios, y recibirán también todas estas cosas." Mateo 6:33 DHH

Vamos a ver unos ejemplos a la luz de la Biblia, donde los milagros ocurrían cada vez que se ponía por obra o se obedecía la palabra de Dios. El primer ejemplo está narrado en Lucas capítulo cinco, lo que se denomina la pesca milagrosa. Dice el pasaje que Jesús llegó una vez a predicar a la orilla del mar de Galilea y le pidió la barca prestada a Pedro para enseñar desde la misma, y una vez que terminó de predicar, le dijo a Pedro que remara mar adentro y que tirara la red. Pedro le contestó que toda la noche habían estado pescando y no habían logrado sacar nada, pero en tu palabra, es decir, porque tú lo dices, voy a lanzar la red. El resultado fue que hubo una pesca milagrosa, abundante, de tal manera que llamaron a otra barca para que los ayudara y el resultado fue que ambas barcas se hundían de la cantidad de peces. Enseñanza: el milagro ocurrió cuando Pedro no se dejó llevar por lo que veía ni por su experiencia sino por la palabra que Jesús había dicho de lanzar la red.

El otro ejemplo lo encontramos en el libro de Mateo capítulo catorce, versos 22 al 29 cuando Pedro caminó sobre las aguas del mar de Galilea. Dice la Biblia que el Señor Jesús le dijo a los discípulos, adelántense ustedes que yo los alcanzo y los discípulos así lo hicieron; entraron en la barca y se fueron. Pasadas varias horas, ya de madrugada, el Señor salió a su encuentro y se fue caminando sobre las aguas del mar de Galilea. Los discípulos, como era de madrugada, no lo veían bien y se asustaron pensando que era un fantasma. "Pero Jesús les habló, diciéndoles: —¡Calma! ¡Soy yo: no tengan miedo!" Mateo 14:27 DHH. "Entonces Pedro le respondió: —Señor, si eres tú, ordena que yo vaya hasta ti sobre el agua. —Ven —dijo Jesús. Pedro entonces bajó de la barca y comenzó a caminar sobre el agua en dirección a Jesús." Mateo 14:28-29 DHH. Acá vemos que Pedro no caminó sobre el agua basado en su conocimiento, sino que caminó en obediencia a la palabra dada por Jesús.

Asimismo tenemos el caso de Naamán, relatado en el segundo libro de Reyes capítulo cinco versos 9 al 14 donde narra que Naamán era un general sirio famoso pero que sufría de lepra, y que fue sanado milagrosamente cuando fue y se bañó siete veces en el río Jordán, obedeciendo a la palabra de Dios dada por el profeta Eliseo. También vemos cuando a Josué le dijeron: "Lo único que te pido es que tengas mucho valor y firmeza, y que cumplas toda la ley que mi siervo Moisés te dio. Cúmplela al pie de la letra para que te vaya bien en todo lo que hagas." Josué 1:7 DHH. Así lo hizo Josué y conquistó la tierra prometida, venciendo a treinta y un reyes.

Vemos entonces que es una constante, que obedeciendo la palabra de Dios, más adelante ocurre un milagro a favor del que obedeció lo dicho por el Señor. En otras palabras, obedecer las palabras de Dios, significa poner nuestra atención en el reino de los cielos y el resultado siempre será una manifestación gloriosa del Espíritu Santo a nuestro favor, a lo cual lo llamamos milagro.

La promesa dada en el libro de los Salmos para la manifestación del reino de Dios dice así: "Feliz el hombre que no sigue el consejo de los malvados, ni va por el camino de los pecadores, ni hace causa común con los que se burlan de Dios, sino que pone su amor en la ley del Señor y en ella medita noche y día. Ese hombre es como un árbol plantado a la orilla de un río, que da su fruto a su tiempo y jamás se marchitan sus hojas. ¡Todo lo que hace, le sale bien!" Salmos 1:1-3 DHH

Recuerde lo que dijo el Señor Jesucristo: "el reino de los cielos ya está en medio de vosotros". En esta vida para vivir en bendición, en victoria por encima de los problemas, las dificultades, las necesidades, las enfermedades, los ataques de terceros, etc, es necesario estar y vivir en la manifestación del reino de los cielos que se traduce en milagros, liberación, abundancia, prosperidad, salud y gozo; lo cual trae y da alabanzas y adoración a Dios; ya que buscando el reino de los cielos que significa obedecer su palabra, el Señor queda honrado y nosotros bendecidos.

Recuerde: ya el reino de los cielos está entre nosotros. Busquémosle y disfrutemos de sus bendiciones.

DR. SERGIO CABELLO

Egresado del Instituto Teológico de la Adiel, mención Teología Pastoral. Año 1989. Certificado como coordinador de la fraternidad latinoamericana de estudios teológicos FLET, año 1990. Egresado del Ciem (Centro Internacional de Estudios Ministeriales), con mención especial. Año 2008, Guatemala. Doctor en Teología y Ministerio Pastoral en la Universidad Latinoamericana de Teología, en California, U.S.A. Conferencista Internacional, ha llevado diversos mensajes a varios países como Curazao, Puerto Rico, Ecuador, Costa Rica y varias ciudades de U.S.A. Durante dos años se desempeñó como profesor de Teología Bíblica Pastoral en el Estado Vargas.Venezuela. También ha escrito el Libro Siembra y Cosecha. Ha fundado con la ayuda de Dios la Iglesia Luz del Mundo en Guanarito, estado Portuguesa, Venezuela 1979, Centro Cristiano Zuriel, estado Vargas, Venezuela 1997, Centro Cristiano Zuriel Curacao 2010, Zuriel Internacional Ministerio Apostólico, estado Vargas, Venezuela 2012. Director de la radio online Radiozima. Fundador de la Iglesia Zima Florida. Profesor en la universidad cristiana Kemuel y la universidad cristiana el Shaddai, ambas en el estado de Florida, USA. Director del Insituto Bíblico Zima en el estado Vargas, Venezuela y en el estado de la Florida , USA.

Los pensamientos siempre están con la persona. Si una persona se levanta muy temprano, ... a esa misma hora se levantan sus pensamientos y, durante todo el día dichos pensamientos acompañan a esa persona; haciéndola prosperar, superarse, o hundiéndola con ideas de derrotas e imposibilidades.

Nuestro Dios es un Dios justo y no nos pondría a hacer algo que Él mismo no hubiese experimentado y que no nos fuera a beneficiar. Así que si usted observa con mucho cuidado encontrará que la Biblia dice que Jesús es el unigénito hijo de Dios, unigénito significa que es el único, que no hay otro. Así que Dios queriendo tener más hijos ¿qué hizo? Sencillamente dio (sembró) a su hijo en rescate de la humanidad y ahora todo el que ha aceptado a Jesús como su salvador pasa a ser por motivo de su fe y como resultado de la siembra, un hijo de Dios en toda la extensión de la palabra. Dios pudo haber usado su poder y decir: Quiero más hijos... y los hijos tenían que haber aparecido. Pero no fue así sino que usó el principio de la siembra y la cosecha, ¿por qué? Sencillamente porque el Señor sabe que da resultado y que nosotros lo podemos hacer, es decir, está en nuestras manos el sembrar para cosechar.

Dr. Sergio Cabello

*Nos sería de mucha bendición
recibir sus comentarios
sobre este libro, por favor envíelos
a la dirección que aparece a continuación.
Paz, Salud y Bendiciones*

fundacionzima@gmail.com

Hablando del Reino

del

Reino

Dr. Sergio Cabello

Printed in the United States
By Bookmasters